Sahra Wagenknecht

Die Mythen der Modernisierer

Dingsda-Verlag

Im Dingsda-Verlag Querfurt erschien das Buch „Die grundsätzliche Differenz", ein Streitgespräch in Wort und Schrift zwischen Sahra Wagenknecht und Gerhard Zwerenz.

Herausgegeben von Joachim Jahns

2. Auflage 2001

Nebraer Str. 22, 06268 Querfurt

Satz und Lektorat: Peter Slama
Fotos: Kunst und Medienproduktion Halle und Peter Slama
Druck und Binden: Wiener Verlag, Himberg
ISBN 3-928498-84-3

Inhaltsverzeichnis

Die Mythen der Modernisierer

Vorwort

Ob in London, Paris, Wien, Rom oder Berlin: Modernisieren ist modern. In Gewerkschaften, in sozialdemokratischen und sozialistischen, ja selbst in konservativen und rechten Parteien ist inzwischen kein Titel verrufener und keine Schmähung verletzender als die Verurteilung zum „Traditionalisten". Wer die Zeichen der Zeit beziehungsweise die lockenden Sprossen einer zeitgemäßen Karriereleiter erkannt hat, attackiert den „Reformstau" und macht sich in seinem Bereich für „notwendige, wenn auch schmerzhafte Änderungen" stark. Er kann sich medialer Unterstützung sicher sein, gilt als mutig und kreativ, als eigenständiger Geist, der entwicklungshemmenden Verkrustungen und überholten Denkmustern einen mühevollen, aber unerläßlichen Kampf angesagt hat.

Nichts kann bleiben, wie es ist, lautet das parteiübergreifende Credo der Modernisierer: nicht die NATO, nicht die EU, nicht die Bundeswehr, nicht die Renten, nicht die Löhne, nicht die Steuern, nicht das Arbeitslosengeld, nicht das Gesundheitswesen, nicht das Asyl- und Einwanderungsrecht. Scheinbare Plausibilität gewinnt das reformerische Plädoyer durch allgegenwärtige, sich zuspitzende Probleme: Blutige Kriege und Bürgerkriege sind nach Europa zurückgekehrt, Massenarbeitslosigkeit, defizitäre Rentenkassen, hohe Sozialbeiträge, sieche staatliche Bildungssysteme, Finanzsorgen der gesetzlichen Krankenversicherung, rückläufige Einnahmen der öffentlichen Haushalte, hohe Staatsverschuldung ... zeichnen die meisten Länder der Europäischen Union. Es kann tatsächlich nichts bleiben, wie es ist. Die Frage ist nur, was verändert werden muß und in welcher Richtung.

Die Antwort auf diese Frage hängt wesentlich von der Sicht auf die Ursachen der Probleme ab. Die Modernisierer sind sich einig. Mit den Schlachtrufen *Globalisierung* und *New Economy* stürmen sie jene Überreste des sozial gebändigten Nachkriegskapitalismus, die die neoliberale Angriffswelle der achtziger und neunziger Jahre noch überstanden haben. Die technologischen Umbrüche, heißt es, die mit der Ablösung der Industrie- durch eine Wissens- und Informationsgesellschaft verbunden seien, verlangten zwingend neue Lösungen und ein Aufbrechen erstarrter Strukturen. Die einen argumentieren rein machtpolitisch: In einer immer stärker verflochtenen Welt könne es sich einfach kein Land, keine Region und keine Kommune mehr leisten, im Wettbewerb um Kapital und Investoren zurückzubleiben. Wer dies ignoriere, riskiere Kapitalflucht, Arbeitsplatzvernichtung und wirtschaftliche Stagnation. Die Volkswirtschaften seien nicht mehr national steuerbar, möge man dies nun bedauern oder nicht.

Die anderen bedauern ausdrücklich nicht und preisen den Wandel als Fortschritt und neue Chance: Der „kollektivistische Versorgungs- und Wohlfahrtsstaat" werde den heutigen Anforderungen an Flexibilität und Eigenverantwortung nicht mehr gerecht. Hohe Unternehmenssteuern und lähmende Bürokratie erstickten unternehmerische Initiative und behinderten Innovation. Die „soziale Gießkanne" wirke demotivierend, leistungshemmend und sei ohnehin immer weniger finanzierbar. Die Veränderung der demographischen Altersstruktur mache die umlagefinanzierte Rente zu einer unerträglichen Bürde für die junge Generation. Kurz: Das alte Gesellschaftsmodell fördere Anspruchsdenken und Besitzstandswahrung statt Leistungsorientierung und Eigenständigkeit; es stehe daher Wachstum und Produktivität im Wege und blockiere den wirtschaftlichen Wandel.

Die immer gleichen Schlagworte können in unzähligen Dokumenten von BDI und Arbeitgeberverband, in diversen Leitartikeln sowie in Hunderten Reden und politischen Erklärungen von CSU bis SPD nachgelesen werden. Man bemüht sich nicht um Einfallsreichtum. Gerade die Wiederholung suggeriert Sachzwang und Unabwendbarkeit.

Das 21. Jahrhundert – so soll es scheinen – kommt, wie es kommt: kalt, hart, riskant, berechnend und doch unberechenbar. Gnadenlos vertreibt der eisige Wind der *neuen Zeit* die wohlige Atmosphäre sozialer Wärmestuben und zerstört noch die letzte Nische, in der plüschige Visionen und Weltveränderungsideen ihr Dasein fristen könnten. *Wettbewerbsfähigkeit* heißt das neue Selektionsmerkmal, das die zukunftsfähige von der untergehenden Spezies trennt. Nicht nur Unternehmen, auch Staaten und letztlich jeder einzelne müssen sich vor dem Richtspruch *der Märkte* bewähren. Wer zu träge, zu unbeweglich, zu tumb, zu zimperlich, zu rücksichtsvoll oder zu verträumt ist, fällt unter die Loser. Wer mithalten will, muß alles geben ... und überlebt – bis zur nächsten Runde. Sinnfragen verbieten sich.

Der Eindruck des Unvermeidlichen wird verstärkt durch die politische Vielstimmigkeit des Chores, in dem Blair mit Bush, Schröder mit Haider und Jospin mit Berlusconi in harmonischem Gleichklang, wenn auch unterschiedlicher Variation, ein und dieselbe Melodie vortragen. Wer sich dem Grundton verweigert, gerät in die undankbare Rolle des Ewiggestrigen oder des Illusionisten, die beide die Realität nicht zur Kenntnis nehmen wollen. Da diesen Part kaum einer spielen mag, singt man besser mit. Zumal der Text angenehm und verheißungsvoll klingt: Effizienz, Eigenverantwortung, Leistung, Kreativität, Menschenrechte, Freiheit – wer möchte sich da verweigern.

Sämtliche Essentials der Modernisierungsstrategie und die wunderbaren Sophismen ihrer Begründung finden sich in jenem berühmt-berüchtigten Papier, in dem Schröder und Blair im Sommer 1999 der europäischen Sozialdemokratie den „Weg nach vorne“ wiesen. Es faßt zugleich das SPD-Grüne-Regierungsprogramm zusammen, das seit dem Wahltag zielsicher angepackt und in Teilen bereits abgearbeitet wurde. Die Kernpunkte des Schriftstücks sind folgende:

Erstens: Absage an „staatliche Intervention im Stile der siebziger Jahre". Mit anderen Worten: Schrumpfung des öffentlichen Sektors und Befreiung privatwirtschaftlicher Profitgier von gesetzlicher Einschränkung und Kontrolle. Gefälliger formuliert klingt das so: „Rigidität und Überregulierung sind ein Bremsklotz für die wissensorientierte Dienstleistungsgesellschaft der Zukunft. Sie ersticken das Innovationspotential, das zur Schaffung neuen Wachstums und neuer Arbeitsplätze erforderlich ist. Wir brauchen nicht weniger, sondern mehr Flexibilität." Nötig sei „ein positives Klima für unternehmerische Selbständigkeit und Initiative". Als Begründung muß die neue „Dienstleistungsgesellschaft" herhalten: denn Dienste nutze der Kunde, „wie und wann er sie braucht – ... auch außerhalb der heute als üblich geltenden Arbeitszeit."
Zweiter Punkt: Absage an den „Sozialversicherungsstaat", also Reduzierung sozialer Leistungen, Zerschlagung und Privatisierung der Sicherungssysteme. Auch diese Botschaft kommt in ansprechender Verpackung: „Moderne Sozialdemokraten wollen das Sicherheitsnetz aus Ansprüchen in ein Sprungbrett in die Eigenverantwortung umwandeln. ... Ein Sozialversicherungssystem, das die Fähigkeit, Arbeit zu finden, behindert, muß reformiert werden." Es komme darauf an, „Initiative und Kreativität" zu fördern. Wären die Leute nur hinreichend „initiativ" und „kreativ" – so die Logik –, bliebe auch keiner mehr ohne Arbeit sitzen.
Dritter Punkt: Umbau des Steuersystems, d.h. Senkung der Unternehmens- und der Einkommenssteuern bei gleichzeitigem Anziehen der Verbrauchssteuerspirale. Diese Position wird offen vertreten, bekommt allerdings eine ökologische Tarnkappe aufgesetzt: „Die Steuerbelastung von harter Arbeit und Unternehmertum sollte reduziert werden. Die Steuerbelastung insgesamt sollte neu ausbalanciert werden, zum Beispiel zu Lasten des Umweltverbrauchs." Auch die alte Mär, daß Arbeitsplätze schon entstehen, wenn nur die Gewinne kräftig sprudeln, kommt zu neuen Ehren: „So stärken Körperschaftssteu-

ersenkungen die Rentabilität und schaffen Investitionsanreize."
Vierter Punkt: Rückführung der öffentlichen Schulden. „Exzessive Staatsverschuldung", so der Konsens der Modernisierer, sei nicht mehr tolerabel. Als einziger Ausweg freilich erscheinen Einschränkungen auf der Ausgabenseite.
Fünfter Punkt: Gezielte Förderung von Billigjobs zur Senkung der Arbeitslosenzahlen. Auch das wird ungeniert vertreten: „Der Arbeitsmarkt braucht einen Sektor mit niedrigen Löhnen, um gering Qualifizierten Arbeitsplätze verfügbar zu machen. ... Teilzeitarbeit und geringfügige Arbeit sind besser als gar keine Arbeit", – für wen, wird allerdings nicht gesagt ... Die genannte Billigjob-„Förderung" hat zwei Seiten: zum einen staatliche Subventionen für mies bezahlte „Einstiegsjobs", um sie den Unternehmen zusätzlich zu vergolden; zum anderen vermehrten staatlichen Zwang und Druck auf Arbeitslose, ihre Arbeitskraft weit unter Wert zu verkaufen. Nichts anderes verbirgt sich nämlich hinter den angemahnten „gezielte[n] Programme[n] für Langzeitarbeitslose ..., um ihnen die Möglichkeit zu geben, sich unter Beachtung des Grundsatzes, daß Rechte gleichzeitig auch Pflichten bedingen, wieder in den Arbeitsmarkt zu integrieren."
Dieser ganze wohlklingende Katalog nennt sich dann „eine neue angebotsorientierte Agenda für die Linke"[1], die nahezu wortgleich allerdings auch von rechts vertreten wird. Beispielsweise von Ex-Bundesbankchef Tietmeyer, der seine neue Aufgabe als Vorsitzender des Kuratoriums der von deutschen Großbanken gesponserten Initiative „Neue Soziale Marktwirtschaft" gefunden hat. Deren Gesellschaftsvorstellungen lesen sich folgendermaßen: „Heute, im Zeitalter der Digitalisierung und der internationalen Konkurrenz, können wir uns die Ausuferungen eines einstigen Erfolgsmodells nicht länger leisten. Denn sie bedeuten einen herben Verlust an Fle-

---

[1] Zitate FAZ 10.6.99

xibilität und damit an Wettbewerbsfähigkeit. ... Es muß wieder mehr Freiräume und Antrieb für Selbsthilfe geben. Es geht um die Freiheit des Einzelhändlers, seinen Laden auch nach 18 Uhr offenzuhalten; die Freiheit des Sozialhilfeempfängers, eine Arbeit aufzunehmen, deren Entgelt ihm nicht wieder weggesteuert wird. ... In der neuen sozialen Marktwirtschaft sind die Haushalte frei in der Wahl ihres Strom- und Telefonanbieters; die jungen Menschen erhalten größere Freiheit, ihre Altersvorsorge selbst zu definieren. Und der Arbeitnehmer, sofern es ihn im klassischen Sinn überhaupt noch gibt, erhält die Freiheit, einige Monate lang mehr als 40 Stunden pro Woche zu arbeiten. ... Die Unternehmen müssen freier, aber auch agiler werden. ... Die Sozialversicherungssysteme müssen die Freiräume bekommen, die sie benötigen, um den wirklich Bedürftigen zu helfen. Und der Staat wäre freier in der Zukunftsgestaltung, wenn wir ihn nicht täglich mit Ansprüchen belagern würden." In der „neuen Zeit" gehe es darum, „... die Dinge selbst in die Hand zu nehmen: mit Eigeninitiative und Eigenverantwortung, mit Leistungs- und Risikobereitschaft, mit Wagemut und Unternehmergeist."[2] Das alte Bonmot, daß eine freie Gesellschaft ihren Mitgliedern auch die Freiheit geben müsse, unter Brücken zu schlafen, war wenigstens noch ironisch gemeint. Tietmeyer dagegen meint ernst, was er sagt.

Auffällig ist allerdings nicht nur die parteiübergreifende Einigkeit der Modernisierer, die bis zur Wortidentität reicht. Die Glaubenssätze kommen einem auch merkwürdig bekannt vor. Tatsächlich gehen die Argumente – allem Modernitäts-Gehabe und Neuzeit-Pathos zum Trotz – letztlich auf jenes Grundrepertoire zurück, das uns die ehrwürdigen Begründer und Stammväter des Laissez-faire in der gediegenen Sprache des 19. Jahrhunderts überliefert haben. Letztere brauchten freilich keine *New Economy* und keine *Globalisierung*, um einen möglichst ungebändigten Kapitalismus zum optimum op-

---

[2] FAZ 5.10.00

timorum, zur besten aller Welten zu erklären. Neu an Tietmeyers „*Neuer* sozialer Marktwirtschaft" ist einfach, daß das Adjektiv „sozial" jetzt nur noch Persiflage ist. Und „modern" an Schröders und Blairs Sozialdemokratismus ist, daß beide ihre Parteien mit Tempo und vollem Krafteinsatz durch jene Fahrwasser steuern, in denen die Thatchers und Kohls zuvor an einem gewissen Punkt auf Grund gelaufen und nicht weitergekommen waren.

Die heutige wirtschaftliche Realität unterscheidet sich allerdings gravierend von den Verhältnissen, auf die die alten Laissez-faire-Ökonomen sich bezogen. Seit Beginn des vergangenen Jahrhunderts konzentrieren sich die Produktionsprozesse in immer größeren Unternehmenseinheiten. Dieser Prozeß erreichte während der zurückliegenden dreißig Jahre eine neue globale Dimension. Begünstigt durch moderne Informations- und Kommunikationstechnologien, tritt an die Stelle von Marktmechanismen immer häufiger schlichte ökonomische Macht. Kaum mehr als hundert Wirtschaftsgiganten mit multinationalen Produktionsnetzen, Hunderttausenden Beschäftigten und Milliardengewinnen beherrschen die heutige Welt und machen sich das gesellschaftliche Leben untertan.

Und es gibt noch etwas, das uns Heutige von den Laissez-faire-Ökonomen trennt. Dies sind die Erfahrungen der Weltwirtschaftskrise und der Katastrophen Faschismus, Völkermord und Weltkrieg, in die jener ungebändigte Kapitalismus die Menschheit im zwanzigsten Jahrhundert hineingetrieben hat. Diese Ereignisse brachten das kapitalistische System in Westeuropa an den Rand seiner Existenz und haben es in Osteuropa für vierzig Jahre hinweggefegt. Und diese Ereignisse und ihre Folgen waren es, die sozialreformerisch-keynesianischen Gesellschaftsvorstellungen in den meisten westeuropäischen Staaten nach 1945 Rückhalt und Stütze gaben. So entstand das zunächst vielgelobte und heute geschmähte Nachkriegsmodell eines sozial abgefederten und regulierten Kapitalismus mit gestärktem öffentlichen

Sektor und ausgeprägten gesetzlichen Sicherungssystemen. Dieses Modell funktionierte, solange hohes Produktivitätswachstum und die Welle nachholenden Konsums dafür sorgten, daß spürbare Lohnsteigerungen mit steigenden Kapitalrenditen vereinbar waren und die scheinbar unerschöpfliche Nachfrage für annähernde Vollbeschäftigung sorgte. Bereits in den Siebzigern rührte es an seine Grenzen und mündete in eine Krise.

Anfang der achtziger Jahre startete europaweit die erste politische Angriffswelle gegen profitmindernde Regulierungsvorschriften und soziale Rechte. Diese Welle wurde bereits unter sozialdemokratischen Regierungen vorbereitet, gewann jedoch erst mit deren Ablösung durch konservative Kräfte an Schwung. Sie brachte einen erheblichen Deregulierungs- und Privatisierungsschub und den Abbau sozialer Leistungen. Das Ausmaß der Umverteilung war in den einzelnen europäischen Ländern unterschiedlich. Überall aber führte die sich „neoliberal“ nennende Politik zu wachsender Armut und vertieften sozialen Kontrasten, während die Arbeitslosenzahlen unbeeindruckt weiter stiegen.

Nach gut einem Jahrzehnt hatte sich der gesellschaftliche Rückhalt dieses Kurses erschöpft. Widerstandskräfte wurden stärker, Abwehrkämpfe zunehmend erfolgreich geführt. Der renditesteigernde Umbau begann zu stagnieren und geriet zusehends selbst in eine Krise. Jetzt schlug die Stunde der „linken“ Modernisierer. Die verbrauchten Konservativen wurden in den meisten europäischen Ländern durch sozialdemokratisch-sozialistisch geführte Regierungen abgelöst. Gestützt von wesentlichen Teilen der Wirtschaft, ausgestattet mit dem Vertrauensvorschuß breiter Bevölkerungsschichten und selbst verankert in den vorherigen Widerstandsbewegungen, insbesondere den Gewerkschaften, besaßen sie wesentlich bessere Voraussetzungen, um den „Reformstau“ in Richtung eines amerikanisch geprägten Shareholder-Value-Kapitalismus aufzulösen und mögliche Oppositionskräfte in diesen Prozeß einzubinden.

Inzwischen stellt sich heraus, daß auch die integrativen Fähigkeiten derartiger „Linksregierungen“ nicht unbegrenzt sind. Sinkende Wahlbeteiligung in Deutschland und Großbritannien, gravierende Stimmverluste der regierenden Parteien bei den französischen Kommunalwahlen waren erste Signale. Drohend und düster zeigen sich am italienischen Horizont die Umrisse der Nachfolger und Vollender des Modernisierungsprogramms. Doch wer auch immer dessen politischer Träger: Das Konzept der Modernisierer ist in allen Fällen kein sachzwangbedingtes Lösungsmodell für die gravierenden Probleme dieser Welt, sondern zynische Interessenpolitik zur Stabilisierung und Erhöhung der Kapitalrenditen. Zur Rechtfertigung dieser im Kern alles andere als „liberalen“ Politik wurden die Mythen des alten Liberalismus zu neuer Pracht und Blüte erweckt sowie einige neue hinzuerfunden. Mit den wichtigsten von ihnen wollen wir uns im folgenden auseinandersetzen.

Mythos Demokratie

Das alte Märchen der Totalitarismusdoktrin lebt im Weltbild der Modernisierer in unverwelkter Schönheit fort. Die Geschichte des zwanzigsten Jahrhunderts erscheint darin als Geschichte des Kampfes zweier Mächte: Demokratie und Diktatur. Freiheit und Menschenrechte stehen gegen Unterdrückung, Menschenverachtung und Entmündigung. Die freie Welt kämpft gegen die totalitäre, das Gute, zu dem selbstredend alle westlichen Industriestaaten gehören, gegen das Böse, das faschistische Regime, Militärdiktaturen und natürlich jedes sozialistische Land unter sich faßt.
Von Realitätsgehalt ist solche Weltsicht unbeschwert. Allerdings soll uns im folgenden weniger die Beziehung zwischen Kapital und Faschismus im vergangenen Jahrhundert interessieren als die generelle Ambivalenz der demokratischen Verfaßtheit kapitalistischer Gesellschaften.

Profitable Diktaturen

Es war natürlich kein Zufall, daß die Führungsetagen deutscher Konzerne den Übergang von Hindenburg zu Hitler ebenso unbeschadet überstanden wie den von Hitler zu Adenauer. Daß sie bei ersterem nicht nur ein wenig nachgeholfen haben, bestreitet heute kein seriöses Geschichtsbuch mehr. Immerhin: Rüstung und Krieg, Gewerkschaftsverbot, Todeslager und Arbeitssklaven brachten Kapitalrenditen, die unter demokratischem Vorzeichen unerreichbar gewesen wären. In der Nachkriegszeit funktionierte das nur noch jenseits des europäischen Kontinents. Etwa im Argentinien der siebziger Jahre, wo der Daimler-Konzern aus guter alter Erfahrung Folterer als „Werkschutzchefs“[3] beschäftigte und die Ermordung

---

[3] ND 30.10.00

unliebsamer Gewerkschafter bei Militärbehörden und Todesschwadronen in Auftrag gab.
Weil dort, wo die Wirtschaft ist, die Politik nicht fehlen darf, pflegte auch die sozial-liberale Bundesregierung engen Kontakt zur argentinischen Militärjunta. Im Juli 1976, vier Monate nach dem Putsch, wurde der argentinische Wirtschaftsminister in der Bundesrepublik mit allen Ehren empfangen. Waffenverkäufe in großem Stil wurden genehmigt und mit staatlichen Bürgschaften abgesichert. Ähnlich freundschaftliche Beziehungen verbanden die Bundesrepublik später mit Menschenrechts-Idyllen wie Suhartos Indonesien oder dem Südafrika der Apartheid-Jahre. Seit Jahren ermordet die Türkei kurdische Frauen und Kinder mit deutschen Waffen. Und bis heute sorgen selbsternannte Demokraten dafür, daß Zahlungen deutscher Konzerne an die von ihnen hochprofitabel (und oft zu Tode) geschundenen Zwangsarbeiter vom Goodwill der alten Peiniger abhängig gemacht und so zu deren Publicity-Nummer werden. Es dürfe „keinen Zweifel daran geben", verkündete Schröder kurz nach seiner Wahl zum Thema Entschädigung, „daß die Unternehmen ein Recht auf Schutz durch die Bundesregierung"[4] hätten. Die Unternehmen, nicht die ehemaligen Arbeitssklaven! Worthaltend belog Außenminister Fischer amerikanische Gerichte auf Bitten von Degussa, Deutscher Bank und Allianz über deren Komplizenschaft mit dem Nazi-Reich[5].
Renditeträchtige Kollaboration mit finsteren Diktaturen ist allerdings kein Privileg deutscher Industrie und Politik. 1976 versicherte der damalige amerikanische Außenminister Kissinger dem mit intensiver US-Unterstützung an die Macht geputschten Pinochet: „Wir empfinden Sympathie für das, was Sie tun."[6] Die tätige Mithilfe der CIA bei der Installierung faschistoider Regime in Lateinamerika, Afrika und im Nahen Osten ist hinreichend belegt.

[4] FAZ 23.10.98
[5] ND 16./17.99
[6] ND 2.3.99; nach der spanischen Zeitung „El Pais"

Das zum Thema: Demokratie contra Diktatur. Wirklich unversöhnlich ist die Feindschaft eben nur, wo nicht die Staats-, sondern die Wirtschaftsordnung zur Disposition steht.

Wählervoten und Renditewünsche

Aber nicht das soll uns im folgenden interessieren, sondern die Frage, mit welchem Recht sich jene Staatsformen tatsächlich Demokratien nennen können, die üblicherweise unter diesem Begriff firmieren. Ohne Zweifel: In der Verfassung verbriefte Freiheitsrechte, Wahlrecht, Parlamentarismus und Gewaltenteilung sind wichtige Errungenschaften, die gegen reaktionäre Angriffe unbedingt zu verteidigen sind. Wer den Unterschied, ob Oppositionskräfte sich legal formieren und betätigen können oder ob sie Kerker und Ermordung fürchten müssen, zur bloßen Formfrage erklärt, ist zynisch. Aber demokratische Rechte – die auch in den westlichen Industriestaaten Resultat von Kämpfen waren und gerade deshalb verteidigt werden müssen, *weil* sie latent gefährdet sind –, demokratische Rechte allein machen noch keine Demokratie. Auch wenn der laxe Umgang mit Begriffen heute üblich ist: Von Demokratie sollte sinnvollerweise nur da gesprochen werden, wo das Volk irgendeinen spürbaren Einfluß auf das staatliche Geschehen ausübt. Ob dies in den westlichen Industriestaaten der Fall ist, ist die Frage.
Joseph Stieglitz, der Vizepräsident und Chefökonom der Weltbank, sagt, was viele sagen: „Die Globalisierung engt ... den Spielraum für schlechte Politik ein. Die wird viel strenger von den Märkten bestraft, weil Kapital mobil ist.“ Mit „richtiger Politik“ dagegen könnten heute sogar Entwicklungsländer „enorme Mengen Kapital anziehen“[7]. Bereits 1997, auf dem Weltwirtschaftsforum in Davos, hatte der damalige Bundesbankchef Tietmeyer mißbilligt, „... daß sich die meisten Politiker immer noch nicht

---

[7] Wirtschaftswoche 4.12.97

darüber im klaren sind, wie sehr sie bereits heute unter Kontrolle der Finanzmärkte stehen und sogar von diesen beherrscht werden."

Wer entscheidet über „richtig" und „falsch" in der Politik nach Ansicht von Stieglitz und Tietmeyer? Nicht die Wähler, sondern *die Märkte*. Hinter letzteren aber steht keineswegs der Kleinanleger, der seine 20 000 DM Ersparnisse in Aktien riskiert. Hinter „den Märkten" stehen etwa 150 international agierende Großunternehmen und Geldhäuser, die dank ihrer Macht über kapitalsimulierende Computerzahlen die Entscheidungen der nationalen Politik nahezu aller Länder dirigieren. Diese Machtverteilung wird normalerweise weder verleugnet noch verschwiegen, sondern ausdrücklich zur Begründung politischer Entscheidungen herangezogen. Aber wie hausbacken und fast schon bieder wirken alte und neue Korruptionsaffären gegenüber dieser institutionalisierten Aushebelung jeder Demokratie!

Bei ärmeren Staaten steht das internationale Kapital besonders offen zu seinem Diktat: Wird die Wirtschaft nicht auf maximale Kapitalrenditen und Schuldenbedienung getrimmt – meist um den Preis tiefer Einschnitte in die ohnehin kläglichen Bildungs-, Gesundheits- und Sozialsysteme –, wird der Geldhahn eben zugedreht.

Wie organisiert man eine „friedliche Revolution"? Fallbeispiel Jugoslawien

Als das von den NATO-Bombardements zerstörte Jugoslawien sich mit einer Arbeitslosigkeit von 32 Prozent auf den mühevollen Weg des wirtschaftlichen Wiederaufbaus machte, zeigte die FAZ als erstes die Instrumente: Wolle Jugoslawien ausländisches Kapital ins Land holen, müsse es zuvor sein „unattraktives institutionelles Umfeld" ändern; es müsse „seine marktfeindliche Politik aufgeben, seinen Handel liberalisieren und sich dem internationalen Wettbewerb öffnen ..."[8] Nachdem die jugoslawische Regierung verantwortungsvoll entschieden hatte, diesen Preis lieber nicht zu zahlen, half der Westen der weder durch Bomben noch Erpressung so recht vorankommenden *Demokratisierung* auf andere Art auf die Sprünge.

Der öffentliche Teil der Aktion bestand darin, Oppositionskräfte mit einem warmen Dollarregen zu überschütten und dem gebeutelten Land für den Fall ihres Wahlsiegs hohe Kredite in Aussicht zu stellen. Daß sich eine Wahl unter solchem Vorzeichen „demokratisch" nennt, ist an sich schon seltsam. Das war aber längst nicht alles. Die „International Herald Tribune", die kaum zu Dolchstoßlegenden neigt, berichtet in einem langen Artikel detailliert über die „extraordinary U.S. effort to unseat a foreign head of state", das jugoslawische nämlich, „not through covert action of the kind the CIA once employed in such places as Iran and Guatemala, but by modern election campaign techniques."[9] Und das funktioniert so: „While the broad outlines of the $41 million U.S. democracy-building campaign in Serbia are public knowledge, interviews with dozens of key players in Belgrade and in the United States suggest it was much more extensive and sophisticated than previously reported". Im Oktober 1999 trafen sich jugoslawische Oppositionspolitiker und geheimdiensterfahrene westliche "Berater" in einem Budapester Nobelhotel, um das Vorgehen abzustimmen. „In the 12 month after the strategy session U.S.-funded consultants played a crucial role in virtually every facet of the anti-Milosevic drive, running tracking polls, training thousands of opposition activists and helping to organize a vitally important parallel vote count. U.S. taxpayers paid for 5000 cans of spray paint used by student activists to scrawl anti-Milosevic graffiti on walls across Serbia and 2,5 million stickers with the slogan 'He's Finished.', which became the revolution's

---

[8] FAZ 9.10.00

[9] Übersetzung der englischen Zitate s. S. 144 ([Ü1, Ü2] usw.)

catchphrase." Damit nicht genug, „... the Serbian students received training in such matters as how to organize strike, how to communicate with symbols, how to overcome fear and how to undermine the authority of a dictatorial regime."[Ü1]

Militärputsche mögen billiger sein, aber moderne Umstürze müssen eben *demokratisch aussehen*. Das hat seinen Preis. Erfahrungen hatte der Westen diesbezüglich schon gesammelt. Immerhin war Milosevic nicht nur für die IHT „Eastern Europe's last great democratic upheaval"[Ü2]. Und auch für andere „friedliche Revolutionen" dürfte gelten: „Behind the seeming (!) spontaneity of the street uprising that forced Mr. Milosevic to respect the results of the September 24 presidential election was a carefully researched strategy put together by Serbian democracy activists with the active assistance of Western advisers and pollsters."[10/Ü3] Ohne ein bißchen Feuer, Pulverdampf und Steine ging es letztlich nicht ab, aber das Ergebnis wurde erreicht: Eine neue „Demokratie" war geboren.

Soviel zu *Volksaufständen* in den ehemals sozialistischen Staaten.

Demokratischer Kapitalismus made in USA

Wie sieht es in den westlichen Industrieländern aus? Daß nicht der Demos, sondern die Wirtschaft Staat und Parteien beherrscht, ist auch hier ein offenes Geheimnis. In dem einen Land geht man mit der Käuflichkeit von Politik lässiger um, in dem anderen verschämter. Die Vereinigten Staaten gehören zur ersteren Kategorie. Ohne das Millionen-Sponsoring der Industrielenker brauchen Präsidentschaftskandidaten gar nicht erst anzutreten. Noch der unmaßgeblichste Senator finanziert seinen Wahlkampf mit den Geldern derer, als deren rühriger Lobbyist er im Erfolgsfall tätig wird. Normalerweise funktioniert es, daß der mit dem Geld der Wallstreet-Aristo-

---

[10] IHT 13.12.00

kratie und der wichtigsten Konzerne aufgebaute Kandidat auch durchkommt. Wenn – wie im Falle Bush – die Rechnung nicht aufgeht, wird auch mal durch schlichte Wahlfälschung nachgeholfen.

So oder so: Man weiß dafür zu sorgen, daß die Investition in den Präsidenten sich mindestens ebenso rentiert wie der Kauf einer neuen Fertigungsanlage. Unter der Titelmeldung „Wahlspenden an Bush zahlen sich aus“[11] informierte vor kurzem das Handelsblatt seine geneigten Leser über die Vorzüge des amerikanischen Systems. Die MBNA America Bank etwa war mit Spenden von insgesamt rund 1,3 Mio. Dollar einer der größten Geldgeber von Bush Junior. Inzwischen fährt der Finanzhai die Ernte seiner Bemühungen ein: Das Weiße Haus kündigte eine Verschärfung des Privat-Konkursrechts an, wie sie die Bank lange gefordert hatte. Clinton freilich hatte den entsprechenden Entwurf noch durch sein Veto blockiert. Das härtere Konkursrecht trifft vor allem Arbeitnehmer und Familien, die auf die aggressiven Werbekampagnen der Institute hereingefallen sind und die Schulden anschließend nicht mehr zahlen können. Die Kreditkarten-Emittenten erwarten von dem neuen Gesetz jährliche Zusatzgewinne im zweistelligen Millionenbereich.

Auch jene Lobbyisten-Vereine, die die von den Bundesbehörden erlassene Verschärfung der Arbeitsschutzbestimmungen rückgängig machen möchten, haben gute Chancen, daß ihre Spende sich auszahlt. Bush hat bereits einen Plan zur Abschaffung der neuen ergonomischen Normen abgesegnet. Die Umsetzung wäre ein schwerer Schlag für die Gewerkschaften, die seit Jahren für die schärferen Bestimmungen kämpfen. Freilich, sie haben ihr Anliegen wohl nicht durch hinreichendes Sponsoring des Präsidentschaftskandidaten untersetzt. Zu Bushs großen Förderern gehörte ferner die Pharma-Branche, die vor allem verhindern will, daß die Preise für

---

[11] Handelsblatt 7.3.01

Medikamente eingefroren werden. Alles spricht dafür, daß auch dieser Wunsch erfüllt wird.
Daß es auch sonst im großen Musterland der freien Welt mit Freiheitsrechten, zumindest soweit sie abhängig Beschäftigte betreffen, eher dürftig bestellt ist, belegt ein in der „Zeit" erschienener Bericht über die Arbeitswelt der Vereinigten Staaten. Die gängigen Praktiken werden folgendermaßen beschrieben: „Telefone werden abgehört, versteckte Kameras überwachen Fabrikhallen und Bürozimmer, Manager lesen Emails ihrer Untergebenen. In Vorstellungsgesprächen wird nach dem Sexualverhalten der Bewerber und nach ihrem Verhältnis zur Religion gefragt. Über die Einstellung entscheiden Urinproben oder genetische Tests. Politische Meinungsäußerung am Arbeitsplatz wird nicht geduldet, gewerkschaftliche Tätigkeit mit Argwohn und offener Ablehnung beantwortet. Entlassungen sind jederzeit möglich – auch ohne die Angabe von Gründen und meist ohne Chance, gegen sie vorzugehen."[12]
Beispiele werden angeführt. Unter ihnen der Fall von Gonzalo Cotto, der im April 1991 beim Kriegsgerätehersteller Sikorsky entlassen wurde, weil er sich weigerte, der Anweisung der Betriebsleitung zu folgen und zur hohen Zeit des Golfkriegs die amerikanische Flagge ans Revers zu heften. In immerhin 21 der 50 amerikanischen Bundesstaaten können Unternehmen Beschäftigte, deren politische Meinung ihnen nicht paßt, ganz legal auf die Straße setzen. Öffentliche Kritik an der Betriebsführung gilt in mehr als der Hälfte der US-Staaten selbst dann als Entlassungsgrund, wenn sie berechtigt ist. Zwischen sechs und zehn Prozent aller amerikanischen Unternehmen ziehen Gentests, die über mögliche langwierige Krankheiten künftiger Angestellter aufklären sollen, als Entscheidungshilfe bei Einstellungen heran. Urinproben werden verlangt, um über Drogenkonsum aufzuklären. Natürlich ist niemand verpflichtet, sich derartigen Forderungen zu beugen. Nur, mit der Weigerung schwindet

[12] "Die Zeit" Juni 2000

natürlich auch jede Aussicht auf den Job. In einem Land, in dem der Sozialhilfebezug lebenslang auf fünf Jahre limitiert ist, kann sich solchen Luxus kaum einer leisten. Das ist die schöne Welt amerikanischer Freiheit!
Gesinnungsschnüffelei hat auch in hiesigen Breiten lange Tradition. Im Kalten Krieg der fünfziger und sechziger Jahre hat die bundesdeutsche Justiz politische Ermittlungsverfahren gegen etwa 200 000 Menschen eingeleitet. 10 000 von ihnen wurden verurteilt, zum Teil zu mehrjährigen Gefängnisstrafen. Allein die Ermittlungen kosteten die Betroffenen oft ihren Arbeitsplatz. Der Radikalenerlaß der Siebziger brachte eine erneute Säuberung im Öffentlichen Dienst. Und die Gesinnungsjagd in ostdeutschen Schulen, Hochschulen und Bürostuben während der unmittelbaren Nachwende-Zeit dürfte die damaligen Vorgänge noch in den Schatten stellen. Bis heute verfolgt der Verfassungsschutz bevorzugt linke und antifaschistische Organisationen, während seine Kontakte zu Nazi-Banden den Geruch von Kooperation nicht loswerden wollen.

A center-right leader on a center-left ticket[13]

Politiker-Kauf erfolgt in der Bundesrepublik dezenter. Natürlich fließt auch hier Geld. Wie die Enthüllungen zur CDU-Spendenaffäre gezeigt haben, sogar mehr, als mancher arglose Geist ahnt. Und natürlich wurde und wird keineswegs allein die CDU gesponsert. 1998 gingen die Spitzen der Wirtschaft vielmehr dazu über, zwecks machtpolitischer Absicherung des sozialen Crash-Kurses auf ein integrationsfähigeres Roß zu setzen. Dieses hieß Schröder und wurde vor der 98er Wahl mit einigem Aufwand als neuer Bundeskanzler aufgebaut.
In der „Frankfurter Allgemeinen Zeitung" vom März 1998 findet sich eine kleine Notiz folgenden Inhalts: „Die SPD steht bereits seit Dezember in engerem Gesprächskontakt mit dem Bundesverband der deutschen Industrie.

---

[13] IHT 18.4.01

Damals hatten sich bei einem Treffen auf Abteilungsleiterebene die Büroleiter des SPD-Vorsitzenden Lafontaine und des BDI-Präsidenten Henkel getroffen. Nach Auskunft von Lafontaines Büroleiter Schwarzer sind die jetzt im Regierungsprogramm der SPD niedergelegten Forderungen damals auf der Fachebene sowohl vom BDI als auch bei Gesprächen mit anderen Verbänden mit Zufriedenheit aufgenommen worden. ... Lafontaine sagte, die SPD stehe ständig im Kontakt mit der Wirtschaft und auch mit den Verbänden."[14] Wahrscheinlich wurde auch abgestimmt, daß die Konzernchefs an populären Versprechungen im SPD-Wahlprogramm, wie der Wiedereinführung der Vermögenssteuer, der Ausbildungsabgabe oder der Rücknahme der Rentenkürzungen, keinen Anstoß nehmen mögen, weil deren Umsetzung ohnehin nicht geplant sei. Aber man mußte schon ein paar Schmankerln einstreuen, damit das Volk – der vorgebliche Souverän – sein Kreuzchen an der richtigen Stelle macht. Das sind die Zugeständnisse, die die „demokratische" Staatsverfassung verlangt und der gängige Zynismus der Politik, den sie in ihrer heutigen Form produziert.
Den engen Kontakt zu den Wirtschaftslenkern hat Schröder auch nach seinem Machtantritt beibehalten. Sie werden hofiert und demonstrativ in Entscheidungen einbezogen. Kungelrunden jenseits der parlamentarischen Gremien werden etabliert, in denen sie ihr Interesse dominant vertreten können. Eine dieser Runden ist das sogenannte „Bündnis für Arbeit", das ehrlicherweise „Bündnis für Profite" heißen sollte. Immerhin hat es seit seiner Existenz keinen einzigen Arbeitsplatz geschaffen, es hat die Lehrstellennot nicht verringert und es hat keine „Rente ab 60" gebracht. (Über letztere redet längst niemand mehr; eher steht inzwischen die „Rente ab 67" zur Debatte.) Aber dieses „Bündnis" hat sich als äußerst wirksames Druckmittel erwiesen, um die Gewerkschaften

---

[14] FAZ 24.3.98

an der kurzen Leine zu halten, auf daß die Dividenden weiterhin kräftig fließen.

Durch bündnisinterne Kungelei etwa wurden Tarifabschlüsse wie die letztjährigen in Metall und Chemie möglich, die immerhin Herrn Hundt so zufrieden stimmten, daß er bemerkte: „Tarifpolitik kann zuweilen richtig Freude machen, zumindest dann, wenn am Ende erfolgreiche Abschlüsse vorausschauende Überzeugungsarbeit und ausdauerndes Verhandlungsgeschick honorieren."[15] Der engagierten Einflußnahme des Kanzlers sei es zu danken, so Hundt, daß sich die deutsche Gewerkschaftsbewegung „weiter von Besitzstandswahrung, Verteilungsdenken und alten Klassenkampfideologien entfernt"[16] habe. Im Ergebnis liegen die Lohnsteigerungen im Jahr 2001 erneut unterhalb der Inflationsrate.

Auch sonst ist der Draht zwischen den Chefetagen der Konzerne und dem Kanzleramt ein kurzer. „Mitunter reicht ein Anruf, um vermeintlich wirtschaftsfeindliche Projekte zu stoppen", weiß der „Spiegel"[17]. Die FAZ hat sich in kürzester Zeit vom CDU-Organ zum Schröder-Gefolgsblatt gewandelt und den letzten hartnäckig Kohltreuen Herausgeber auf die Straße gesetzt. Als Schröders „größte politische Leistung" lobt die Zeitung, daß er „dem ihn tragenden parlamentarischen Bündnis die politische Identität genommen [habe] ... Er hat die SPD enthauptet und ihre Traditionskerne sprachlos gemacht. Und er hat die Grünen als fügsame Indianer in ein komfortables Machtreservat eingesperrt."[18] War er dafür gewählt worden? Wen kümmert's.

Schröders Problem liegt freilich darin, daß Konzernchefs, Finanzhaie und Großanleger, die seine Politik stützen und von ihr profitieren, zwar die eigentlich Mächtigen im Lande sind, rein zahlenmäßig aber eine winzige Minderheit darstellen. Politik, die maximalen Kapitalren-

---

[15] FAZ 12.3.2000

[16] Ebd.

[17] Der Spiegel 16/2000

[18] FAZ 16.9.99

diten oberste Priorität einräumt, ist Minderheiten-Politik, die der großen Mehrheit der Bevölkerung mehr oder weniger auf die Füße treten muß. Das gilt für abhängig Beschäftigte wie Arbeitslose und selbst für kleine und mittlere Unternehmer. Niemand kann ausschließen, daß die so Geblufften das irgendwann merken und der betreffenden Partei ihre Gunst wieder entziehen. Selbst geballteste Medienmacht kann Menschen nicht dauerhaft einreden, es ginge ihnen besser, wenn es ihnen real schlechter geht. Diese Erfahrung hat Kohl im Osten machen müssen. Jospin und Hue ereilte sie bei der letzten Kommunalwahl in Frankreich. Die italienische „Linksregierung“ haben Enttäuschung und Frust inzwischen weggefegt.

Schröder selbst wurde mit dem widerspenstigen Demos schon ein Jahr nach seinem Amtsantritt konfrontiert. Im Herbst 99 zeigten die Umfragebarometer für die SPD tief nach unten, Helmut Kohl dagegen, von dem ein Jahr zuvor keiner mehr ein Stück Brot nehmen mochte, schwamm auf einer neuen Sympathiewelle und wurde wieder mit Helmut-Helmut-Rufen begrüßt. Die nordrhein-westfälischen Kommunalwahlen gerieten der SPD zum Desaster. Selbst uralt angestammte Hochburgen brachen weg. Für den Fall, daß sich der Abrutsch bei den im Frühjahr 2000 anstehenden NRW-Landtagswahlen wiederholen würde, prophezeite man bereits ein Ende der Schröderschen Kanzlerschaft. Und dabei waren die wesentlichen Reformprojekte, für die Schröder vorgesehen war – insbesondere die Steuer- und die Rentenreform – noch gar nicht in Angriff genommen. Eichels Sparpaket, die Ökosteuern und der Bruch der meisten Wahlversprechen hatten genügt, um den neuen Kanzler um jeden Kredit zu bringen.

Das demokratische Wahlrecht gewährleistet immerhin eins: Wenn der Volks-Souverän die Politik schon nicht bestimmen kann, ist er jedenfalls in der Lage, seinem Unmut durch Stimmentzug Luft zu machen. Konstituiert dieses Recht nicht Macht? Liegt darin nicht doch reale Demokratie? Ja und nein. Ja, weil die Sorge vor Stimmenverlust politische Entscheidungsträger tatsächlich unter Druck setzen kann. Nein, sofern die Alternativen fehlen. Denn Stimmentzug schlägt sich in erster Linie bei Wechsel, weit weniger aber bei gänzlicher Wahlabstinenz für die betreffende Partei in sinkenden Prozenten nieder. Und dafür, mögliche Alternativen klein zu halten oder ganz auszuschalten, ist die Medienmacht meist groß genug.

Im Herbst 99 war es vor allem die Union, die vom Schwächeln der Schröder-SPD profitierte. Von einer wirklichen Alternative konnte somit keine Rede sein. Da Kohl jedoch bereits bewiesen hatte, daß er zum sozialen Crash-Kurs machtpolitisch nicht in der Lage war, hatte die Wirtschaft kein Interesse an einer schnell wiedererstarkenden und an Schröders Stuhl rüttelnden CDU. Was passierte? Plötzlich sah sich die Kohl-Partei einer in den Medien akribisch sezierten, durch immer neue Meldungen angeheizten Spendenkampagne gegenüber. Sie brachte den Ex-Kanzler um jedes Ansehen, kostete seinen Nachfolger, Schäuble, den Vorsitz, und verdammte die Partei über Monate zum Wundenlecken und zur Selbstbeschäftigung. Das gewünschte Ergebnis trat ein: Die Umfragewerte der Union bröckelten und gingen bald in freien Fall über, Schröder indes, dessen Politik um keinen Deut erfreulicher oder populärer geworden war, befand sich plötzlich wieder im Aufwind. Bis zur NRW-Landtagswahl waren die SPD-Bastionen wieder so gefestigt, daß eintrat, was im Herbst 99 kaum noch einer für möglich gehalten hatte: Clement wurde zwar gerupft, aber doch klar bestätigt. Bereits wenige Wochen zuvor hatte Simonis in Schleswig-Holstein ihren Herausforderer Rühe, der ebenfalls im Spendensumpf strampelte, auf den niederen Rang verwiesen.

Natürlich hat es die Spenden und die Korruption, die damals öffentliche Erregung verursachten, wirklich gegeben. Natürlich ist mit Kohl kein Unschuldslamm zum Opferaltar geführt worden. Nur, was er gemacht hat, war nicht mehr und nicht weniger als das in westlichen „Demokratien“ übliche. Nahezu jedem exponierten Vertreter

nahezu jeder Partei, die auf Bundesebene irgendwann regiert hat, hätte ähnliches nachgewiesen werden können. Daß die Fakten gerade zu diesem Zeitpunkt und gerade in dieser dosierten, schubweise entehrenden und dadurch um so nachhaltiger diskreditierenden Form in die Öffentlichkeit gelangten, hatte nichts mit freier Presse und demokratischer Läuterung, viel dagegen mit Kalkül zu tun.
Die Spendenkampagne hat Schröders Rückhalt wiederhergestellt und zugleich der CDU einen Wandel aufgezwungen, der sich nicht im Austausch des Personals erschöpfte. Man erinnere sich etwa, welche harsche Zurückweisung Stoibers Pro-Haider-Position noch im Herbst 1999 in der CDU-Spitze, vor allem von seiten Wolfgang Schäubles, ausgelöst hatte. Im Januar 2000, als die FPÖ dann wirklich in die österreichische Regierung aufgenommen wurde, gehörte die CDU zu den vehementesten Befürwortern „normaler" Beziehungen.
Kurzfristig wichtiger war allerdings die vorläufige politische Ausschaltung der CDU, die Schröder freie Bahn für eine rücksichtslos renditesteigernde Politik verschaffte. Hans-Olaf Henkel, der es wissen sollte, schreibt in seiner Autobiographie: „Ohne den Skandal und den dadurch ausgelösten Rückgewinn der Wählergunst hätte Schröder niemals die Kraft aufgebracht, seine Partei von den linken Dogmen abzuziehen und auf eine vernünftige, wirklichkeitsnahe Politik festzulegen ... Dieselbe wundersame Wandlung vollzog sich mit der CDU."[19] Auch die International Herald Tribune meinte damals: „The luck was compounded when Mr. Kohl and his Christian Democratic Party imploded with the disclosure that they had run a vast system of illegal campaign contributions. It led to the resignation of Wolfgang Schaeuble as CDU chairman and Mr. Kohl's neutralization as an emblematic force in national life, and it opened (!) the way toward Mr.

[19] Spiegel 40/2000

Schroeder's first major reform"[20/Ü4], die Steuerreform nämlich.
Obgleich sie dem kleinen Mann wesentlich tiefer in die Tasche greift als die CDU, konnte sich die SPD so wahlpolitisch stabilisieren. Sie feiert keine großen Erfolge, aber sie erleidet auch nur noch selten Niederlagen. Kaum einer zweifelt heute noch an Schröders Wiederwahl und zweiter Amtszeit. Diesen Vorgang mit wirklicher demokratischer Legitimierung gleichzusetzen ist allerdings in etwa so sinnvoll, wie die Entscheidung eines amerikanischen Todeskandidaten, der zwischen Elektrostuhl und Giftspritze die letztere wählt, zum Ausdruck seiner Freiheit und seiner Lebensträume zu erklären.
Tatsächlich sind Wahlen für viele inzwischen vor allem eine Abwägung zwischen großen und größeren Übeln. Immer mehr Menschen verweigern sich dem Prozedere ganz. Wahlbeteiligungen weit unter fünfzig Prozent sind bei Kommunalwahlen heute keine Seltenheit. Auch die Stabilisierung von SPD wie CDU bei den Landtagswahlen der letzten anderthalb Jahre basierte auf dem Fernbleiben unzähliger Enttäuschter. Blair in Großbritannien wurde nur dank peinlich niedriger Wahlbeteiligung zum zweiten Mal Regierungschef. Die Stimmung kurz vor seiner Wahl beschrieb die taz folgendermaßen: „Natürlich wählen die Leute Blair trotzdem. Aber nicht, weil sie ihm vertrauen, sondern weil es keine Alternative gibt. Vor dieser merkwürdigen Wahl läßt sich die britische Stimmung so zusammenfassen: Die Richtung stimmt schon, aber irgendwie geht zwischenzeitlich das Land vor die Hunde."[21]
Im Ergebnis regieren „demokratisch" legitimierte Politiker, die real keine 20% der Bevölkerung hinter sich haben. Ein solches System kann außerordentlich stabil sein, wie die Vereinten Staaten zeigen. Mit Demokratie hat es freilich nichts zu tun. Zumal es inzwischen zum politischen Kalkül geworden ist, jene, die von Sozialstrei-

---

[20] IHT 13.11.00
[21] Taz 6.6.01

chungen am härtesten getroffen werden, ins Nichtwähler-Spektrum abzudrängen. Natürlich weiß Schröder, daß er Arbeitslose nicht zu SPD-Wählern macht, wenn er sie als Faulpelze beschimpft. Aber deren Stimmen hat er ohnehin längst abgeschrieben. Und solange sie nur zu Hause bleiben, gibt es keinen Grund für ihn, sich daran zu stören.

Gefährlich – weil für den Machterhalt relevant – wird es erst, wenn sich verärgerte Wähler für eine andere Partei entscheiden. Darin liegt ihre relative Macht und ihr Druckpotential. Eine linke Partei, die wirklich etwas bewegen will, muß sich gezielt und mit aller Kraft um diese Stimmen bemühen. Freilich ohne die Illusion zu wecken, Wahlen allein könnten Grundlegendes ändern. Dafür sind allemal auch heute außerparlamentarische Bewegungen – öffentliche Proteste, Streiks, Demonstrationen – notwendig. Aber das macht Wahlergebnisse nicht irrelevant. Und eine linke Partei muß auf der Hut sein, daß ihr nicht andere zuvorkommen, die Verzweiflung und Enttäuschung mit simplen und eingängigen Parolen in Rassismus, Aggression und nationale Arroganz ummünzen. Die Rückzugslinie der Konzerne, wenn große Koalitionen und vermeintliche Linksregierungen ihren Kredit verspielt haben, trägt heute Namen wie Haider und Fini. Französische wie deutsche Ergänzungen dieser Liste werden nicht lange auf sich warten lassen. Wenn nötig, wird ihnen der gesamte Machtapparat der Medien zur Verfügung gestellt. Tragen die manipulativ Hochgeputschten dann die nötigen Prozente ein, werden aus Faschisten „Demokraten" und *Volkes Wille* selbst zum Vorwand, demokratische Rechte zu Grabe zu tragen.

Mythos Markt

Der Glaube an die Selbstheilungskräfte freier Wettbewerbsmärkte ist ein Kernpunkt alt- und neoliberaler Mythenbildung. Die Argumentation klingt schlüssig: Auf Märkten treffen souveräne Anbieter und Nachfrager aufeinander. Die Nachfrager bringen bestimmte Bedürfnisse, Präferenzen und Nutzenvorstellungen mit, die sich oft wandeln und von keiner Instanz über längere Zeit vorhergesehen werden können. Die Anbieter bringen bestimmte Güter mit, die diesen Bedürfnissen und Präferenzen mehr oder weniger entsprechen. Den Grad der Übereinstimmung signalisieren die Preise, die auf jede Nachfrageverschiebung mit Anstieg oder Senkung reagieren. Da die Anbieter ihre Gewinne zu maximieren trachten, folgen den Preisänderungen nach kurzer Zeit entsprechende Änderungen der Produktmengen. Güter, die keiner kaufen will, verschwinden vom Markt. Solche, die sehr gefragt sind, werden in größerer Zahl produziert. Insofern ist dafür gesorgt, daß die Produktion schnell und flexibel auf die Wünsche der Konsumenten reagiert. Ferner stehen Anbieter ähnlicher Produkte auf den Märkten in Konkurrenz zueinander. Güter, die billiger angeboten werden, finden leichter Abnehmer. Da überdies die Gewinne dann am höchsten sind, wenn die Kosten am niedrigsten, ist das Streben nach technischer Innovation und steigender Produktivität in diesen Mechanismus ebenso einprogrammiert wie Sparsamkeit und effizientes Wirtschaften. So führen freie Märkte zu einer optimalen Verteilung knapper Ressourcen und einer bedarfsgerechten Produktion. Keine staatliche Bürokratie und vorausschauende Planung kann dieses multifunktionale und reaktionsschnelle Medium ersetzen. Die Logik ist so simpel und bestechend, daß sie der schlichtest gestrickte VWL-Student im ersten Semester versteht.

Der Trick liegt darin, rein monetär bestimmte Größen unmittelbar und pur mit realen Sachverhalten zu identifizieren. Die zahlungskräftige Nachfrage, die auf dem Markt erscheint, wird unmittelbar mit dem realen Bedarf identifiziert, die Minimierung von Kosten mit einem sparsamen Ressourcenumgang und Produktivitätssteigerung als solche mit wachsendem Wohlstand. Soweit sich beide Seiten decken, sind freie Wettbewerbsmärkte in der Tat die bestmögliche Lenkungsinstanz für eine effiziente, auf wechselnde Bedürfnisse flexibel reagierende Produktion. Aber zum einen produzieren *kapitalistische* Märkte geradezu zwangsläufig eine Kluft zwischen der monetären und der realen Komponente. Und zum anderen stellt sich die Frage, ob wirklich *freie* Märkte je existiert haben und – vor allem – inwieweit sie heute existieren bzw. in welchen volkswirtschaftlichen Bereichen sie überhaupt noch existieren können. Aber zunächst zum Problem der Lenkungswirkungen freier Märkte. Diese steuern nämlich aus mehreren Gründen nicht in jene Richtung, die nach der obigen Argumentation zu erwarten wäre.

Bedarf und Kaufkraft

Der Umfang, in dem der einzelne seinen Bedarf auf Märkten zur Geltung bringen kann, hängt von seinem verfügbaren Einkommen ab. Dabei werden die individuellen Wünsche der Menschen zumeist größer sein als das, was sie tatsächlich kaufen und konsumieren können. Es gibt kein Schlaraffenland. Indem das Einkommen die individuelle Nachfrage ebenso ermöglicht wie limitiert, zwingt es, abzuwägen und Prioritäten zu setzen. Es ist nur verteilbar, was zuvor produziert wurde; eine wenig produktive Wirtschaft läßt zwangsläufig mehr Wünsche unerfüllt als eine reiche und moderne. Aber immer wird die reale Kaufkraft einer Gesellschaft kleiner sein als ihre Bedürfnisse. Nicht hier liegt das Problem.

Die entscheidende Frage ist, ob die von den Konsumenten gesetzten Prioritäten deren wirklichem Bedarf entsprechen. Das ist keine Frage der Gesamt*höhe* der Einkommen, sondern ihrer *Verteilung*. Je ungleicher

diese ausfällt, desto verzerrter wird die zahlungskräftige Gesamtnachfrage die realen Bedürfnisse widerspiegeln. Gegenwärtig zum Beispiel machen wachsende Verteilungskontraste Qualitätswaren der mittleren Preisklasse zunehmend unverkäuflich, weil sinkende Einkommen viele Menschen zwingen, auf Billigprodukte auszuweichen. Also wird verstärkt schlechte Billigware nachgefragt; auf der Gegenseite steigt der Absatz von teurem Nobeldesign. „Aldi" und „Mac Donalds" expandieren, billige Bratwurstbuden und häßliche Discounter-Märkte erfreuen sich wachsenden Zuspruchs, ebenso gehobene Edelboutiquen und vornehme Luxusrestaurants.
Solche Veränderungen erfolgen nicht deshalb, weil sich plötzlich die „Konsumentenpräferenzen" geändert haben, sondern weil viele Leute die Dinge, die sie allemal lieber hätten als Billigzeug, aus Geldmangel nicht mehr kaufen können. Besonders kraß zeigen sich die Divergenzen zwischen Marktnachfrage und Bedarf im globalen Maßstab. Märkte können „gesättigt" sein, während Menschen verhungern. In vielen Entwicklungsländern ist genau dies der Fall.
Der Markt nimmt Bedürfnisse also ausschließlich in dem Umfang wahr, in dem sie sich zahlungskräftig geltend machen. Nur bei ausgeglichener Einkommensverteilung (was nicht Einkommensgleichheit bedeutet) ist der zahlungsfähige Bedarf Indiz der realen Bedürfnisstruktur. Je größer die Verteilungskontraste, desto größer die Abweichung, und desto weniger entspricht die durch den Markt bewirkte Ausrichtung der Produktion den tatsächlichen Lebenswünschen der Menschen. Verantwortlich dafür ist freilich nicht der Markt als solcher, sondern verantwortlich sind die gesellschaftlichen Verteilungsverhältnisse, die primär von anderen Faktoren bestimmt werden.

Markt und Betriebsverfassung

Entscheidend für die Kriterien, nach denen Preise gesetzt und Einkommen verteilt werden, ist die Eigentümerstruktur und Verfassung der Betriebe. Ein Unterneh-

mer, der bezahlte Arbeiter beschäftigt, kalkuliert anders als eine Genossenschaft, sofern deren Mitglieder selbst die Arbeit leisten. Für den Unternehmer sind die Löhne ein Kostenpunkt. Eine Genossenschaft dagegen, die sich auf einem Wettbewerbsmarkt behaupten muß, ist zwar auch gezwungen, nachfragegerecht und mit möglichst niedrigen Kosten zu produzieren, es besteht aber weder eine Motivation zur Minimierung der Löhne (außer wenn rückläufiger Umsatz das erzwingen sollte), noch werden technische Innovationen zu Entlassungen führen. Weit eher wird hier Arbeit umverteilt. Ein Staatsbetrieb wiederum hat unterschiedliche Möglichkeiten der Prioritätensetzung. Er ist nicht gezwungen, die innerbetrieblichen Entscheidungen auf *maximale* Überschüsse auszurichten. Vielmehr können die Preise bestimmter Güter gezielt nach gesellschaftlichen Kriterien gestaltet werden, solange die Produktion mindestens kostendeckend ist. Die konkreten Lenkungswirkungen eines Marktes hängen also wesentlich von der Art der Marktteilnehmer ab. Über das Wohl und Wehe freier Märkte zu reden, ohne zu beachten, wer auf diesen Märkten agiert, ist unsinnig.
Die entscheidenden Marktteilnehmer heute sind privatkapitalistische Unternehmen, vor allem große Aktiengesellschaften, die von institutionellen und privaten Großanlegern dominiert werden. Wichtigstes Kriterium, an dem das Management einer Aktiengesellschaft gemessen wird, ist die Maximierung der Kapitalrendite, also des anteilig auf den Kapitaleinsatz berechneten Gewinns. Dieser kommt den Aktieninhabern in Form von Dividenden und steigenden Kursen zugute. In den letzten Jahren ist die Erhöhung der „Marktkapitalisierung" – also des Kurswerts, zu dem die Unternehmensaktien an der Börse gehandelt werden – als solche zum Maßstab erfolgreichen Managements geworden.
Welche Lenkungswirkungen gehen davon aus? Zunächst erhält die Orientierung an *kurzfristigen* Gewinnsteigerungen bzw. Kostensenkungen absolute Priorität, denn diese entscheiden auf dem hochspekulativen Aktienmarkt der

Gegenwart über das Kursniveau Die langfristige Unternehmensentwicklung und Etablierung auf den realen Märkten wird dagegen sekundär. Denn Marktanteile lassen sich jederzeit auch durch die Übernahme anderer Unternehmen kaufen. Einstiegswährung sind dabei die eigenen Aktien. Je höher deren Kurs, desto billiger der Kauf. Kursverfall dagegen macht ein Unternehmen selbst zum Übernahmekandidaten. Da alle börsennotierten Aktiengesellschaften so kalkulieren – und kalkulieren müssen –, ist das Management sklavisch auf die Maximierung des Shareholder Value festgelegt. Ein selbständiger Einzelunternehmer hat im Vergleich dazu wenigstens noch gewisse Spielräume, im Rahmen seines Grundziels hoher Gewinne unterschiedliche Prioritäten zu setzen.

Effizienz contra Umweltverträglichkeit

Gewinn ergibt sich aus der Differenz zwischen dem geldlich gemessenen Produktionsaufwand, den Kosten, und dem geldlichen Erlös, den der Verkauf der Güter einbringt. In dem Maße, in dem Naturressourcen Kosten verursachen, wird tatsächlich ein sparsamer Umgang motiviert und die Entwicklung verbrauchsarmer Technologien gefördert. Viele wertvolle Ressourcen allerdings – Luft, Wasser aus Meeren und Flüssen als wichtigste Beispiele – stehen kostenlos zur Verfügung. Auch müssen Unternehmen für Umweltschäden, die infolge ihrer Produktion kurz- oder langfristig entstehen, in den seltensten Fällen selbst aufkommen. Was nichts kostet, geht allerdings auch nicht in die betriebswirtschaftliche Effizienzrechnung ein. Es gibt daher auch kein Motiv für einen sparsamen Umgang oder für eine Minimierung von Folgeschäden. Im Gegenteil. Raubbau an der Natur ist normalerweise billiger als umweltverträgliche Produktion. Freie Märkte motivieren daher ersteren, nicht letztere.

„Knappheit“ von Ressourcen wirkt nur dann preistreibend, wenn das Angebot sich in irgend jemandes Eigentum befindet *und* die Nachfrage aktuell und unmittelbar das Angebot übersteigt. Der Horizont von Märkten ist immer ein kurzfristiger. Selbst wenn es sich – wie bei vielen Naturressourcen – um in Jahren oder Jahrzehnten erschöpfliche Bestände handelt, hat dies auf die Preise keine unmittelbare Wirkung. Allenfalls räumt das begrenzte Vorhandensein der Naturgüter denen, die Zugriff auf sie haben, eine faktische Monopolstellung ein, die zu Preisdiktaten ausgenutzt werden kann. Mit Ökologie hat das freilich wenig zu tun, selbst wenn hohe Preise eine Reduzierung des Verbrauchs bewirken mögen. Denn gerade durch ihren Zugriff auf produktionsnotwendige Rohstoffe erhalten die betreffenden Konzerne ökonomische und gesellschaftliche Macht. Und diese Macht erlaubt es ihnen, die Erforschung alternativer Rohstoffe bzw. Energiequellen auf vielfältige Weise zu behindern und zu erschweren. Ohne den dominanten Einfluß der Mineralölindustrie etwa wäre das Wasserstoffauto sehr wahrscheinlich längst Realität. Aber selbst wenn solcher Einfluß nicht geltend gemacht würde, wäre es auf Dauer nicht hinnehmbar, die Ausbeutung der Naturreichtümer dieses Planeten privaten Unternehmen zu überlassen, die daraus Milliardenprofite ziehen und das Geld in die Taschen ihrer Shareholder spülen.

Einzige Alternative ist die Nationalisierung der Bodenschätze und natürlichen Ressourcen. Preise für diese können dann mit Blick auf die beabsichtigten ökologischen Effekte festgesetzt werden. Naturunverträgliche Produktionsverfahren würden auf diese Weise gezielt verteuert, um Erforschung und Einsatz alternativer Technologien zu stimulieren.

Eine weitere wichtige Maßnahme bestünde darin, gesellschaftliche Folgekosten der betrieblichen Produktion, die durch Umweltverbrauch und Umweltverschmutzung entstehen, über entsprechende Abgaben in die betriebliche Kostenrechnung einzuführen. Dieser Ansatz verbirgt sich hinter Konzepten zur Internalisierung externer Kosten, die im übrigen unabhängig von der Eigentümerstruktur der Betriebe relevant sind.

Eine dritte wesentliche Frage ist die des Gebrauchswerts der produzierten Güter. Unter Umweltgesichtspunkten wäre es natürlich weit sinnvoller, möglichst dauerhafte, qualitativ hochstehende und im Störfall reparable Güter zu produzieren. Der betriebliche Erlös dagegen mißt sich am preislich bewerteten *quantitativen* Ausstoß. Dieser würde sinken, wenn die Produktion auf Haltbarkeit statt auf schnellen Verschleiß ausgerichtet wäre. Zudem sind haltbare Güter zumeist aufwendiger und somit teurer in ihrer Herstellung. Unmittelbar motivieren betriebswirtschaftliche Effizienzkriterien also die Erzeugung irreparabler Billig- und Wegwerfprodukte und den Versuch, die Konsumenten zu möglichst häufigen Neuanschaffungen zu überreden. Exponentielles Wachstum der Müllberge ist unter diesem Gesichtspunkt *hocheffizient*. Auch hier könnten gezielte Abgaben (für Einwegverpackungen oder die Verwendung schwer recycelbarer Materialien) sowie die gesetzliche Fixierung bestimmter Standards (verlängerte Garantiefristen usw.) die gewünschte Lenkungswirkung haben, die der Markt als solcher nicht herbeiführt.
Das Problem solcher Lösungen unter heutigen kapitalistischen Bedingungen ist allerdings, daß gerade diejenigen, die den dicksten Dreck produzieren und die die Abgaben daher am ehesten treffen müßten, ihnen am leichtesten ausweichen können. Großen Konzernen stehen unzählige Umgehungs- und Überwälzungsmöglichkeiten frei. Sie haben einerseits hinreichende Marktmacht, um die Abgaben in vollem Umfang an den Verbraucher weiterzureichen. Im Ergebnis verteuert dies nur die Produkte, ohne daß der Konsument irgendeine umweltfreundlichere Ausweichmöglichkeit erhält. Teures Benzin beispielsweise hat so lange keinen positiven Umwelteffekt, solange der öffentliche Nah- und Fernverkehr immer noch weit mehr kostet als die Fahrt mit dem eigenen Auto und alternative Energiequellen für individuelle Mobilität ebenfalls nicht erschlossen werden. Darin liegt die Verlogenheit der sogenannten Öko-Steuern. Daß just das verarbeitende Gewerbe von ihrer Er-

hebung weitgehend ausgeklammert bleibt, wirft ein zusätzliches Licht auf die Unredlichkeit des ganzen Unterfangens.
Im Kern geht es wieder um Machtfragen. Multinationale Konzerne spielen unterschiedliche Umweltgesetze der einzelnen Länder gegeneinander aus und setzen jene Regierungen mit Investitionsentzug unter Druck, die höhere Standards verlangen. Die Lobbyisten dieser Unternehmen dominieren die Umweltausschüsse diverser Parlamente. Sie beraten Umweltminister, finanzieren Präsidentschaftswahlkämpfe und sind überall präsent, wo über ökologische Fragen gesprochen und entschieden wird. Daß in diesem Machtgeflecht die Umwelt bisher immer den kürzeren zog, sollte nicht erstaunen. Auch eine Lösung der ökologischen Probleme wird ohne Ausbruch aus der kapitalistischen Entwicklungslogik nicht zu haben sein.

Produktivität und Wohlstand

Freie Märkte und Konkurrenz zwischen den Unternehmen motivieren Maßnahmen zur Erhöhung der betrieblichen Produktivität. Ein Weg in diese Richtung – allerdings nicht der einzige – besteht im Einsatz modernisierter Anlagen und technologischer Neuerungen. Sofern diese den Arbeitsaufwand pro Gut senken, werden reale Voraussetzungen für bessere Lebensverhältnisse geschaffen. Voraussetzungen sind allerdings noch nicht Wirklichkeiten. Immerhin tritt die gewünschte Kostensenkung nur ein, wenn die Löhne nicht mit der Produktivität gleichziehen. Außerdem folgen den Rationalisierungen zumeist Entlassungen auf dem Fuße. Die Nutznießer der Wohlstandsgewinne befinden sich also zunächst allein auf der Shareholder-Seite. Erst Arbeitskämpfe und entsprechender Druck auf politische Entscheidungsträger können erreichen, daß der zusätzliche Reichtum auch seinen Produzenten zugute kommt. Allerdings trifft zu, daß steigende Produktivität den Verteilungsspielraum

und damit auch die Erfolgsaussichten solcher Kämpfe vergrößert.
In den fünfziger und sechziger Jahren, partiell auch noch in den Siebzigern, war es tatsächlich weitgehend gelungen, die hohen Produktivitätsgewinne auch in spürbar verbesserte Lebensbedingungen der abhängig Beschäftigten umzuwandeln. Daß Zuwachs an Produktivität nicht automatisch größeren Wohlstand der Allgemeinheit nach sich zieht, zeigen dagegen die letzten zwei Jahrzehnte. In der Bundesrepublik ist die menschliche Arbeit seit 1980 um gut 40 Prozent produktiver geworden; die durchschnittliche Kaufkraft der abhängig Beschäftigten dagegen wuchs um gerade 4 Prozent. Die neunziger Jahre brachten bei den Nettolöhnen sogar reale Verluste. Daß die Unternehmensprofite im gleichen Zeitraum um durchschnittlich 85 Prozent nach oben schossen, weist darauf hin, wem der gewachsene gesellschaftliche Reichtum ausschließlich zugute kam. Das zum einen.
Zum anderen liegen nicht allen Produktivitätssteigerungen tatsächlich arbeitssparende technologische Innovationen zugrunde. Produktivitätsgewinne werden statistisch auch dort ausgewiesen, wo einfach nur der Leistungsdruck auf die Beschäftigten wächst und vor diesem Hintergrund Stellen gestrichen werden. Wenn in einer Kaufhausabteilung, wo vorher sechs Verkäuferinnen arbeiteten, drei entlassen werden, dann erwirtschaften die verbliebenen drei fortan den gesamten Umsatz der Abteilung. Die Produktivität pro Beschäftigten hat sich statistisch verdoppelt. Grundlage dafür ist freilich eine für die Betroffenen oft unerträgliche Situation: Streß, Druck, unzählige Überstunden, kaum noch Freizeit, nicht selten gesundheitliche Probleme.
Eine jüngst veröffentlichte Studie der zur Europäischen Kommission gehörenden Stiftung für die Verbesserung der Lebens- und Arbeitsbedingungen weist nach, daß sich im zurückliegenden Jahrzehnt „die Arbeitsbedingungen in Europa teilweise deutlich verschlechtert" haben; dies führe zu zunehmenden „physischen und psychischen Beschwerden". Ursache sei vor allem ein „erheb-

lich höheres Arbeitstempo" sowie „Konkurrenzdruck durch Kollegen". 60 Prozent der Arbeitnehmer arbeiten laut dieser Studie unter „hohem Zeitdruck". Dies gelte ganz besonders für befristet oder per Zeitarbeit tätige Beschäftigte; gesundheitliche Probleme träten daher bei ihnen am häufigsten auf[22].

Produktivitätszuwachs, der durch Entwicklungen dieser Art hervorgerufen wird, findet ausschließlich auf dem Rücken der Beschäftigten und ausschließlich zum Nutzen steigender Profite statt. Der gesellschaftliche Wohlstandsgewinn ist gleich Null. Das heißt: Solche Produktivitätssteigerungen sind kein Plus, sondern ein Manko, sie haben nichts mit technologischer Innovation und alles mit Renditegier zu tun.

In der Bundesrepublik werden gegenwärtig jährlich etwa 1,8 Mrd. bezahlte Überstunden geleistet. Hinzu kommen nach Gewerkschaftsangaben schätzungsweise 2,4 Mrd. unbezahlte. Allein der Abbau dieser Überstunden könnte nach Berechnungen des ISO-Instituts 900 000 Arbeitsplätze schaffen. Eine Humanisierung der Arbeitswelt verlangt Umverteilung von Arbeit und Abbau der Überstunden und würde eine aus diesen Gründen sinkende „Produktivität" je Beschäftigten geradezu erzwingen.

Produktivitätswachstum und Arbeitslosigkeit

Eine gängige Rechtfertigung für die in nahezu allen westlichen Industrieländern auf hohem Niveau verharrende Arbeitslosigkeit verweist darauf, daß moderne Technologien menschliche Arbeit eben in wachsendem Maße überflüssig machen würden. Da mit immer geringerem Arbeitsaufwand immer mehr produziert werden könne, sei Stellenabbau eine natürliche und zwingende Konsequenz. Die Produktivität wachse heute schneller als die Produktion. Daraus wird die düstere „Vision" einer

---

[22] FTD 27.4.2001

„20:80-Gesellschaft" abgeleitet: In Zukunft, heißt es, würden 20 Prozent der arbeitsfähigen Bevölkerung ausreichen, um alle notwendigen Güter zu produzieren. Die Zweidrittelgesellschaft werde daher durch die Einfünftel-Gesellschaft abgelöst, deren Hauptproblem darin liege, wie die überflüssigen vier Fünftel der Bevölkerung mit dem Nötigsten versorgt und halbwegs bei Laune gehalten werden können. Denn gelinge dies nicht, sei die Stabilität des Gesamtsystems in Gefahr.

Diese Argumentation ist so beliebt wie abstrus. Produktivität in bestimmter Höhe ist eben keine technologisch *festgelegte* Größe, sondern eine Variable, die nicht zuletzt von der Ausgestaltung der Arbeitsverhältnisse abhängt. Daß die Produktivität pro Beschäftigten schneller wächst als das Bruttosozialprodukt, ist nicht Ursache, sondern einfach *logischer Ausdruck* rückläufiger Beschäftigung. Gründe für diese Divergenz sind damit noch nicht benannt.

Die Frage, ob zur Vermeidung von Arbeitslosigkeit die Wachstumsraten künstlich so weit nach oben getrieben werden müßten, daß sie dem auf geschilderte Weise herbeigezwungenen Produktivitätszuwachs entsprechen, ist also von vornherein falsch gestellt. Es gibt Berechnungen, daß bei durchschnittlicher 40-Stunden-Woche Wachstumsraten von 7 bis 8 Prozent in den nächsten Jahren notwendig wären, um Vollbeschäftigung zu erreichen. Tatsächlich finden sich ökonomische Institute, die solches Wachstum empfehlen. Export und defizitfinanzierte Ausgabenprogramme des Staates sollen es ermöglichen.

Die für den gesellschaftlichen Lebensstandard letztlich entscheidende Frage, was diesem Wachstum eigentlich zugrunde liegen soll, d.h. bei welchen Gütern und Leistungen eine derartige quantitative Zunahme realen ökonomischen Sinn besitzt, wird meist nicht einmal gestellt. Die Fixierung auf reine Wertgrößen – Produktivität und Wachstum – verbaut jeden Blick für die realen Produktionsprozesse, die sich hinter den Zahlen verbergen. Schon Keynes hat bekanntlich das Vergraben und Ausgraben von Flaschen im Ernst als wohlstandsteigernde Maßnahme empfohlen. Wenn die Alternative tatsächlich hieße: Massenarbeitslosigkeit oder Beschäftigung um der Beschäftigung willen, wäre aus sozialen Gründen letzterer wahrscheinlich der Vorzug zu geben. Aber eine solche unsinnige Alternative gibt es nicht. Nutzlose Beschäftigung erhöht die Gesamtheit der verfügbaren Güter und Dienste nicht, und somit auch nicht die Summe der realen Einkommen.

Eine Entwicklung, die die Arbeits*anstrengung* zur Erstellung bestimmter Güter minimiert, ist in Wahrheit keine Tragödie, sondern ein Fortschritt. Zur Tragödie für Betroffene wird sie erst, wenn sie nicht nur Arbeits*stunden*, sondern Arbeits*plätze* ersatzlos vernichtet. Das eine zieht das andere aber nicht in jedem Fall nach sich. Moderne Technologien und steigende Produktivität erzeugen nicht mit der Macht einer Naturgewalt Arbeitslosigkeit. Sie führen zu ihr nur, wenn *freie* privatwirtschaftliche Unternehmen auf *freien* Märkten ihr Renditekalkül unbehelligt und ungehemmt durchsetzen können.

Die Hinnahme dieser privatwirtschaftlichen Logik gebiert dann irre „Visionen" wie die zitierte der 20:80-Gesellschaft. Dabei werden nicht nur Produktivitätssteigerungen als feststehendes technologisches Faktum behandelt. Wenn behauptet wird, 20 Prozent der Leute könnten künftig alles produzieren, was *die Menschheit* braucht, erscheint auch die Höhe des menschlichen Bedarfs als feststehende Größe. Bedürfnisse aber wandeln sich. Und vor allem: Was Menschen brauchen, genauer, was sie verbrauchen *können*, hängt vom verfügbaren Einkommen und damit selbst wieder vom Beschäftigungsvolumen ab. Wird ein wachsender Teil der Bevölkerung aus dem Erwerbsleben ausgegrenzt, sinkt auch die Möglichkeit dieser Menschen, Lebensbedürfnisse mit Kaufkraft zu untersetzen. Damit gehen die Produktionserfordernisse weiter zurück. Wieder werden Arbeitsplätze überflüssig. Nachfrage und Beschäftigung minimieren sich gegenseitig.

Billigjobs als Beschäftigungskonzept?

In der zweiten Hälfte der neunziger Jahre – mit den scheinbaren Beschäftigungserfolgen des amerikanischen Modells – ist die Negativutopie der 20:80-Gesellschaft etwas aus der Mode gekommen. Inzwischen wird Arbeitslosigkeit differenzierter dadurch erklärt, daß zwar im „hochproduktiven Bereich" Erwerbsarbeit zunehmend durch Einsatz von Wissen und Kapital ersetzt werde. Im niedrigproduktiven Bereich gebe es aber an sich genügend Arbeitsmöglichkeiten, auch und besonders für Menschen mit geringer Qualifikation. Hier werde die Nachfrage der Unternehmen nach Arbeitskräften allerdings künstlich durch tariflich gesetzte Lohnuntergrenzen und hohe Lohnzusatzkosten gehemmt. Um Arbeitslosigkeit zu überwinden, müßten daher die Löhne den „sektoralen Produktivitätsdifferenzen" angepaßt werden. Diese Argumentation findet sich beispielsweise im letztjährigen Jahresgutachten des „Sachverständigenrates"[23], in dem die hochdotierten Professoren couragiert und furchtlos „Mut zur Lohndifferenzierung" fordern. Die Schuldzuweisung ist klar: Das gewerkschaftliche „Tarifkartell" mit seinen unflexiblen Regeln produziere Arbeitslosigkeit; vor allem niedrig Qualifizierte seien die Leidtragenden.

Auf den ersten Blick klingt die Logik schlüssig: Wo wenig erwirtschaftet wird, ist auch weniger verteilbar. Wer mehr produziert, kann höher bezahlt werden. Ein Beschäftigter in einem Landwirtschaftsbetrieb beispielsweise erntet einen Monat lang Spargel im Gesamtwert von 2000 DM. Ein Softwareingenieur braucht die gleiche Zeit, um ein neues Antivirenprogramm zu erstellen, das 200 000 DM Umsatz verspricht. Die Einstellung des Softwareingenieurs lohnt sich also für das Unternehmen selbst dann, wenn der Mann ein Einkommen von 100 000 DM erhält. Der Spargelpflücker dagegen wird bei 2000 DM brutto schon nicht mehr eingestellt. Kann der Lohn nicht tiefer

---

[23] FAZ 16.11.00

gedrückt werden, bleibt der Spargel nach betriebswirtschaftlicher Logik eben ungepflanzt und ungeerntet. Hochgerechnet auf die Gesamtwirtschaft heißt dies: Löhne, die ein bestimmtes Limit nicht unterschreiten können, verhindern Produktion und verursachen Arbeitslosigkeit.
Die Überzeugungskraft dieser Argumentation wurzelt wiederum in der Suggestion, rein monetär gemessene Werte brächten unmittelbar und ungebrochen physische Quantitätsverhältnisse zum Ausdruck. In Bereichen höherer Produktivität würde eben real *mehr* produziert als in solchen, in denen die Statistik geringere Produktivität ausweist. Aber physisch sind Spargelspitzen mit Antivirenprogrammen oder auch Autos mit Telefonminuten überhaupt nicht vergleichbar. Es gibt kein einheitliches Maß und also auch kein *Mehr*. Was in dem angeführten Fall gemessen und verglichen wird, ist der *Geldumsatz* pro Beschäftigten (abzüglich Vorleistungen). Umsatz aber hängt nicht nur von Mengen, sondern primär von Preisen ab. Und diese werden zum einen durch die Marktverhältnisse und zum anderen durch die Kosten – und damit in erheblichem Maße durch die Löhne selbst! – bestimmt.
Zunächst zum Einfluß des Marktes. Zwar können sich Großunternehmen moderne Anlagen und hohe Kapitalinvestitionen meist tatsächlich eher leisten als kleine Firmen. Daß die statistisch meßbare Produktivität der ersteren im allgemeinen deutlich über der der Kleinbetriebe liegt, hat aber nicht nur produktionstechnische Ursachen. Ein marktbeherrschender Konzern hat zugleich wesentlich größere Preisspielräume als ein kleines Unternehmen, das sich auf hart umkämpftem Terrain oder als Zulieferer eines Preise diktierenden Giganten behaupten muß. Das heißt, die Produktivitätsdifferenz geht mindestens ebensosehr auf unterschiedliche Positionen am Markt zurück. Das ändert zwar nichts daran, daß umsatzschwache Kleinbetriebe oft gar keine andere Wahl haben, als den Druck an die Löhne weiterzugeben. Es zeigt aber, daß es sich dabei nicht um technologisch

bedingte Unterschiede handeln muß, sondern rein gesellschaftlich geschaffene Zwänge im Spiel sein können. Zwänge also, die überwindbar sind. Nicht hohe Löhne, sondern in erster Linie die Möglichkeiten marktbeherrschender Konzerne zum Preisdiktat sind dafür verantwortlich, daß Arbeitsplätze in kleinen und mittleren Unternehmen vernichtet bzw. Neueinstellungen unmöglich gemacht werden. Ungeachtet stagnierender, zum Teil sogar sinkender Einkommen der abhängig Beschäftigten endeten gerade in den neunziger Jahren immer mehr mittelständische Unternehmen beim Konkursrichter. Im Jahr 2000 erreichte die Zahl der Insolvenzen mit 40 000 einen neuen Rekord. Für 2001 werden 50 000 vorhergesagt[24].

Zugleich existiert, wie bereits erwähnt, zwischen Löhnen und statistisch gemessener Produktivität ein direkter Zusammenhang. Indem Unternehmen untertariflich bezahlen und sozialversicherungspflichtige Normalarbeitsverhältnisse durch Billigjobs ersetzen, schaffen sie sich Spielräume, um Konkurrenten durch Niedrigpreise zu unterbieten. Dieses Prozedere läuft vor allem im Dienstleistungssektor, speziell im Handel, in Bereichen also, in denen die Gewinne – zumindest der großen Ketten – keineswegs gering sind, zugleich aber erhebliche Konkurrenz zwischen den Anbietern herrscht. Lohndumping ermöglicht Preiskampf und zwingt konkurrierende Unternehmen zum gleichen Vorgehen. Ergebnis sind niedrigere Preise im betreffenden Sektor, die sich statistisch als unterdurchschnittliche Produktivität widerspiegeln.

Die reale Kausalität wirkt in solchem Fall also in einer der Lehrbuchweisheit genau entgegengesetzten Richtung: Nicht die Löhne passen sich den Produktivitätsdifferenzen an, sondern die statistisch gemessene Produktivität folgt den Löhnen. Jene ist niedrig, *weil* diese es sind. Wird die geringe Produktivität dann wieder zum Vorwand, um den Druck auf die Löhne zu verstärken, entsteht eine Abwärtsspirale, die die Verteilungsrelation

---

[24] FAZ 1.12.00

zwischen Gewinnen und Arbeitseinkommen immer stärker zugunsten der ersteren verschiebt.
Billigjobs also senken zum einen die Arbeitslosigkeit nur bedingt, da zeitgleich reguläre Arbeitsverhältnisse abgebaut werden. Und selbst sofern zusätzliche Arbeitsplätze auf dieser Grundlage entstehen, sind die betroffenen Menschen in ihnen materiell meist kaum besser, bisweilen sogar schlechter gestellt als vorher ohne Arbeit. Die Quintessenz des scheinbar rein technologisch begründeten Billiglohn-Plädoyers ist renditesteigernde Umverteilung. Es gibt bei wachsendem gesellschaftlichen Reichtum keinen Zwang, einen Teil der Gesellschaft materiell schlechter zu stellen. Insgesamt wird genügend produziert, um auch geringer qualifizierte Arbeit angemessen zu bezahlen. Und die Annahme, daß ein durch Niedriglöhne und exorbitante Gewinne getragener „Boom" irgendwann auch die Niedriglöhner erreicht, wird längst in den USA ad absurdum geführt.

Markt und Marktmacht

Daß Insolvenzrekorde der einen mit Gewinnrekorden der anderen einhergehen, zeigt es bereits an: Die Wirtschaft ist zweigeteilt. Kleinen Unternehmen, die sich tatsächlich in harter Konkurrenz behaupten müssen, stehen große Konzerne mit Milliardenumsätzen und entsprechender Marktmacht gegenüber. Die pathetische Apologie freier Märkte ist unter heutigen Bedingungen auch deshalb bloßer Mythos, weil es solche freien Märkte längst nicht mehr gibt.
Ende der neunziger Jahre erreichten die zehn größten Handelsketten im deutschen Lebensmittelgeschäft einen Marktanteil von über 85 Prozent. Allein die drei größten brachten es auf über 50 Prozent. Der Verband der Markenhersteller beklagte kürzlich öffentlich, seine Mitglieder seien in wachsendem Maße von einigen wenigen großen Vermarktungsgesellschaften abhängig. Großkonzerne mit flächendeckendem Filialnetz setzten die Produzenten unter Druck und verlangten unfaire Preisnach-

lässe. Gingen die Zulieferer darauf nicht ein, würden ihre Waren aus dem Sortiment gestrichen[25]. Selbst der EU-Binnenmarkt hält den Prozeß der Handelskonzentration nicht auf. 2005 werden Schätzungen zufolge die fünf größten Konzerne rund 40% des Geschäfts auf sich vereinen[26].

Auch den privatisierten Strommarkt dominieren wenige Anbieter. Nach zwei Großfusionen – der von RWE und VEW zur neuen RWE und der von Veba/Preußenelektra und Viag/Bayernwerk zu E.on – ist in Deutschland ein marktbeherrschendes Duopol entstanden. In ihrer ursprünglichen Struktur würden beide Großunternehmen über 80% der inländischen Stromerzeugung und 85% des Stromhandels kontrollieren[27]. Durch wettbewerbsrechtliche Auflagen wurde daraufhin die Ausgliederung der ostdeutschen Braunkohleverstromer Veag und Laubag sowie der Berliner Bewag erzwungen. All diese Unternehmen werden sich aber voraussichtlich in den Händen ein und desselben Anbieters, der Hamburger Elektrizitätswerke, wiederfinden, die, selbst kürzlich vom schwedischen Energiekonzern Vattenfall übernommen, zum großen Dritten im deutschen Energiemarkt aufsteigen. Insofern haben die Auflagen lediglich erreicht, daß nicht zwei, sondern drei Konzerne in die vorteilhafte Position gelangen, aus dem Energiebedarf bundesdeutscher Haushalte und Unternehmen Spitzenprofite zu ziehen. Mit einem freien Markt aber hat das eine so wenig zu tun wie das andere.

Elf Giganten beherrschen zur Zeit das weltweite Automobil-Geschäft; von Jahr zu Jahr werden es weniger. Selbst im Zulieferbereich verschwinden mittelständische Unternehmen. Zwölf Finanzkonzerne diktieren das Geschehen an den Aktienbörsen und im internationalen Devisenhandel. Tendenz auch hier abnehmend. Ein Monopolist kontrolliert 90 Prozent der weltweit vertriebe-

---

25 FR 11.5.01
26 Ebd.
27 FAZ 15.4.00

nen PC-Software. Die Rüstungsindustrie konzentriert sich in wenigen multinationalen Waffenschmieden. Elefantenhochzeiten auch hier: Dem Zusammenschluß der Giganten Boeing und McDonnel Douglas folgte die Bildung des europäischen Rüstungsriesen European Aeronautic, Defense and Space Company. Auf dem Mineralölmarkt kontrollieren nach den jüngsten Mega-Fusionen vier globale Kolosse die Wertschöpfungskette von der Förderung bis zum Verbraucher. Und derartige Marktbeherrschung zahlt sich aus. BP Amoco macht gegenwärtig einen Gewinn von 350 britischen Pfund, also über 500 Euro, pro Sekunde (!). Mit ähnlich stolzen Gewinnzahlen brillieren Exxon, Chevron und Royal Dutch/Shell. Jeder von ihnen konnte seinen Gewinn im Jahr 2000 annähernd verdoppeln[28].

Im Bereich Telekommunikation läuft eine Welle der Marktbereinigung und Konsolidierung, die bald die Preise wieder nach oben treiben dürfte. In diesem Fall wird die Aushebelung von Marktmechanismen durch den Staat direkt befördert. Die im Vorjahr versteigerten UMTS-Lizenzen bedeuten im Kern nichts anderes als ein staatlich garantiertes Monopol, das den begünstigten Konzernen in den nächsten Jahren erlauben wird, sich den hohen Auktions-Preis zuzüglich einer satten Rendite vom Kunden zurückzuholen. Was unter lautem Gemurmel neoliberaler Beschwörungsformeln und Marktbekenntnisse tatsächlich abläuft, ist also in den meisten Fällen nicht eine Revitalisierung von Wettbewerb, sondern die Ablösung staatlicher durch private Alleinanbieter.

Fressen oder Gefressenwerden heißt das Motto im internationalen Kapital-Monopoly. Der Wert der Unternehmensübernahmen, an denen deutsche Firmen beteiligt waren, lag im Jahr 2000 erstmals bei knapp einer Billion Mark. Im Vorjahr waren es „nur“ 400 Milliarden, und auch das war schon ein einsamer Rekord. Dabei handelt es sich bei der globalen Fusionswelle nicht etwa um eine bloße Management-Laune oder Modeerscheinung. Die

---

[28] FAZ 25.10.00

kurstreibende Philosophie des „Big is beautiful" spielt zwar ihre Rolle; letztlich liegen der Konzentrationswelle aber reale technische Entwicklungen zugrunde. Zu diesen gehören die modernen Kommunikations- und Informationstechnologien, die die Steuerung und Koordination innerbetrieblicher Abläufe in global verflochtenen Konzernungetümen mit riesiger Produktpalette und Hunderttausenden Beschäftigten überhaupt erst ermöglichen. Dazu gehört ebenso die deutliche Verbilligung und Beschleunigung des Transports, die die internationale Aufteilung des Produktionsprozesses nach Kostengesichtspunkten profitabel werden ließ und die Bindung zwischen Herstellungsort und Zielmarkt aufgelöst hat. Und nicht zuletzt gehört dazu die generelle Beschleunigung der technologischen Entwicklung, die einerseits die Produktlebenszyklen verkürzt, andererseits die Kosten für Produkt- und Prozeßinnovationen in die Höhe treibt. Das Kapitalminimum, das nötig ist, um bestimmte Güter und Leistungen überhaupt anbieten zu können, wird immer größer. In vielen Bereichen sind globale Absatzmöglichkeiten und entsprechend hohe Stückzahlen inzwischen zur Profitabilitäts-Bedingung geworden. Und je weniger Unternehmen den betreffenden Markt beherrschen, desto größer ist der Absatz jedes einzelnen von ihnen. Vor allem in Bereichen, in denen die Gesamtnachfrage am Markt aufgrund rückläufiger Massenkaufkraft oder teilweiser Sättigung kaum noch expandiert, sind Fusionen oder Übernahmen die einzige Möglichkeit, den individuellen Absatz und mit ihm die Kapitalrendite zu steigern.

Daneben gibt es Bereiche, die wegen immenser Kapitalanforderungen noch nie marktgeeignet waren und sich mit gutem Grund lange Zeit in Staatsbesitz befanden. Das betrifft den Energie- ebenso wie den Telekommunikationssektor oder auch die Bahn. In all diesen Bereichen ist die Unterhaltung einer den gesamten Absatzraum überziehenden Infrastruktur Grundbedingung der Leistungsbereitstellung. Betrieb und Wartung dieser Netze sind so aufwendig, daß eine Mehrfachbereitstel-

lung volkswirtschaftlich unsinnig und reine Ressourcenverschwendung wäre. Ohne diese aber kann von ernsthaftem Wettbewerb nicht die Rede sein.
Das Internet eröffnet seinerseits neue Möglichkeiten der Integration von Produktionsprozessen und der Erhöhung von Marktmacht, auf die wir im Kapitel über die „New Economy" zu sprechen kommen.
Die Kartell-Wächter sehen dem marktzerstörenden Geschehen mehr oder weniger hilflos zu. Bereits im Mai 1999 warnte der damalige Chef des Bundeskartellamtes, Dieter Wolf: „Es zeichnen sich Fusionen ab, die für die nationalen Kartellbehörden, aber auch für die europäische Fusionskontrolle eine oder mehrere Nummern zu groß sind."[29] Es existiere „... die substantielle Gefahr, daß die Schlüsseltechnologien von einigen wenigen Marktteilnehmern kontrolliert werden könnten." So werde etwa „die Zahl der Anbieter in der Automobil- oder in der Ölindustrie immer kleiner, die Gefahr einer wettbewerbswidrigen Koordinierung zugleich größer"[30]. Die Reaktion der konzernhörigen Politik folgte prompt. Am Folgetag sprach sich Wirtschaftsminister Müller für „großzügigere Kontrolle" aus. Aufgabe der Wettbewerbspolitik sei es, den Vorstoß der Wirtschaft in die erweiterten europäischen und zunehmend globalisierten Märkte „fördernd zu begleiten"! „Die Gefahr, daß Fusionen zu marktbeherrschenden Stellungen führten", sei „eher geringer geworden"[31], hieß es abwiegelnd.
Das Stück, das die Brüsseler Wettbewerbshüter in Sachen Fusionskontrolle geben, ist ein Trauerspiel in unzähligen Akten. Mehr als 1500 Zusammenschlüsse haben die Beamten seit 1990 geprüft. Ganze 13 wurden verboten. Unter den genehmigten finden sich der Zusammenschluß von Boeing und McDonnel Douglas zum mächtigsten Flugzeugkonzern der Welt oder die amerikanisch-britische Fusion von Time-Warner, America

---

[29] FAZ 10.5.99
[30] FAZ 11.5.99
[31] Ebd.

Online und EMI. Auch die Übernahme einer der größten deutschen Banken durch den Allianzkonzern dürfte kaum blockiert werden.
Selbst die FAZ empfindet bei diesem Geschehen Unbehagen. Es sei nicht zu übersehen, schreibt ein marktwirtschaftlich gesinnter Wirtschaftskommentator, „... daß sie [die Brüsseler Kartellbehörden] besonders bei den weltumspannenden Großfusionen zunehmend außer Atem geraten und dem immer rascher voranschreitenden globalen Konzentrationsprozeß kaum Einhalt gebieten können." Er stellt fest: „So sieht die Bilanz der europäischen Fusionskontrolle nach zehn Jahren keineswegs strahlend aus. Und die jüngsten Erfahrungen mit der globalen Machtzusammenballung geben Anlaß zur Sorge. ... Nicht viel anders als im Märchen von Hase und Igel sind die Unternehmen oft schon am Ziel, während die Wettbewerbshüter noch ihr Instrumentarium prüfen und nicht recht wissen, wie man der Phalanx der Konzernherren und ihrer gewieften Anwälte entgegentreten soll."[32]
Mit den jüngsten Vorschlägen der EU-Kommission zur „Modernisierung" des Wettbewerbsrechts werden die verfügbaren Instrumentarien zusätzlich abgestumpft. Unternehmen sollen künftig generell von der Pflicht entbunden werden, beabsichtigte Vereinbarungen vorher bei der Wettbewerbsbehörde anzumelden. Die Beamten werden erst tätig, wenn sich ein Wirtschaftsteilnehmer über die Folgewirkungen beschwert. Dabei ist klar: Ein Zulieferer, der über diesen Weg Preisdiktate moniert, ist die längste Zeit Geschäftspartner des betreffenden Konzerns gewesen. Kaum einer dürfte sich das leisten können.
Mittlerweile beschäftigen die hundert größten multinationalen Unternehmen (ohne Finanzkonzerne) sechs Millionen Menschen weltweit und erreichen zusammen einen Außenhandelsumsatz von zwei Billionen Dollar. Dies entspricht einem Drittel des Welthandels[33]. Sie alle agie-

---

[32] FAZ 29.9.00
[33] FAZ 4.10.00

ren auf Märkten, die wegen der schlicht unerschwinglichen Einstiegskosten gegen Newcomer abgeschottet sind. Eine geschlossene Gesellschaft also, die alle wesentlichen Fragen von Weltproduktion und Welthandel unter sich ausmacht und unerwünschte Neumitglieder nicht zu fürchten hat. Selbst da, wo neue Märkte und mit Ihnen auch neue Unternehmen entstehen, in der sogenannten New Economy, rollt längst eine Welle der Konzentration. Viele sterben weg, wenige tragfähige und rentable Firmen bleiben übrig – und die werden über kurz oder lang von den Reptilien der Old Economy geschluckt.

Konsequenzen und Ausblick

Die Löhne der Beschäftigten sind in einem privatwirtschaftlichen Unternehmen nichts als ein *Kostenfaktor*. Sie auf jede denkbare Weise nach unten zu drücken, ist ein Gebot betriebswirtschaftlicher *Effizienz*. Bloße Kostenfaktoren sind ebenso Sozialabgaben und Steuern. Auch diese werden folgerichtig mit allen dem Unternehmen zur Verfügung stehenden Mitteln minimiert. Dabei gilt die Regel: Je finanzkräftiger ein Unternehmen und je internationaler sein Aktionsradius, desto größer sind die entsprechenden Möglichkeiten. Die Rückkopplung ist selbstverstärkend: Wer das meiste verdient, behält auch das meiste, und zwar zu Lasten des Rests der Gesellschaft.

Der jüngste Armutsbericht der Bundesregierung zeigt die Folgen dieserart *effizienten* Wirtschaftens. 1998 bezogen fast 20% der vollbeschäftigten westdeutschen Erwerbstätigen ein Bruttoverdienst von weniger als der Hälfte des gesellschaftlichen Durchschnittseinkommens[34]. Hätte man den Osten einbezogen, wäre der Anteil noch höher ausgefallen. Jeder zehnte Erwerbstätige in der Bundesrepublik ist inzwischen nur noch befristet angestellt, arbeitet als Zeitarbeitskraft oder als freier Mitar-

[34] Frankfurter Rundschau 27.2.01

beiter mit meist ebenfalls schlechter Bezahlung. In den neuen Bundesländern gilt das sogar für jeden sechsten Beschäftigten. Besonders betroffen sind Frauen (14,3%) und Jugendliche (14,2%)[35]. Knapp vier Millionen Menschen arbeiten in 630-DM-Jobs. Und zwar – wie Umfragen belegen – überwiegend unfreiwillig, weil sie keine andere Arbeit finden können. Der Anteil der Menschen, die trotz Arbeitsplatz zu den Armen zählen, stieg zwischen 1993 und 1998 von 38 auf 44 Prozent[36].

Eine Million Kinder wachsen in der Bundesrepublik nach Angaben der Bundesärztekammer in derartiger materieller Not auf, daß sie ein signifikant höheres Krankheitsrisiko und eine um 7 Jahre kürzere Lebenserwartung haben als Kinder aus bessergestellten Familien. Ein Sozialhilfeempfänger hat nach einer Studie der Universität Marburg täglich etwa 9 Mark zur Verfügung, um sich Nahrungsmittel zu kaufen[37]. Bei Geringverdienern sieht die Situation kaum besser aus. Nie in der bundesdeutschen Geschichte gab es so viele überschuldete Familien. 2,8 Millionen Haushalte in Deutschland wälzen inzwischen einen nicht mehr abtragbaren Schuldenberg vor sich her, gut ein Drittel mehr als noch 1994[38]. Sie alle sind zu einem Leben am unteren Existenzminimum verdammt.

Daß der Einzelhandel in den Neunzigern sechs Jahre lang rückläufige Umsätze verbuchte, erstaunt unter diesen Voraussetzungen kaum. Auch nicht die wachsenden Probleme kleiner und mittlerer Unternehmen, die überwiegend den Binnenmarkt beliefern. Die anfangs getroffene Feststellung, daß Märkte nur den zahlungskräftigen Bedarf berücksichtigen, ist daher zu verschärfen: Unregulierte Marktmechanismen unter kapitalistischen Bedingungen produzieren wachsende Einkommenskontraste

---

[35] FAZ 14.11.00

[36] ND 4.11.00

[37] ND 4.12.99

[38] Spiegel 49/2000

und drängen dadurch immer größere Teile des realen Bedarfs regelrecht aus dem Markt heraus.
Am oberen Ende der Einkommenspyramide indessen explodieren die Bezüge und mit ihnen Geldvermögen und Sacheigentum. Nie wurden so viele Dividenden ausgeschüttet wie in den neunziger Jahren. Jährliche Steigerungen von 20 Prozent und mehr waren in manchem Großkonzern gängige Praxis. Dafür wird dann auch das Führungspersonal belohnt. Allein im Jahr 2000 haben die Vorstandsmitglieder der größten deutschen Konzerne ihre Gehälter um durchschnittlich eine Million Mark erhöht. Im Schnitt verdienen die Top-Manager der im Dax gelisteten Unternehmen 3,4 Mio. DM pro Jahr. Am erfolgreichsten, was den eigenen Geldbeutel anbetrifft, waren die Vorstände der Deutschen Bank, die mit 15,5 Millionen nach Hause gingen – Einkommen aus bereits vorhandenem Vermögen nicht gerechnet. Aber auch die Vorstände von Daimler-Chrysler mit 7,2 Mio. und von SAP mit 6,6 Millionen konnten sich nicht beklagen[39]. Der Umverteilung der Einkommen folgt die Umverteilung der Vermögen. Von 1988 bis 1999 erhöhten die reichsten 10% bundesdeutscher Haushalte ihren Anteil an den gesamten Geldvermögen von 43 auf 50%. Der Anteil der unteren 50 Prozent der Haushalte an dem inzwischen annähernd 7 Billionen Mark schweren Geldberg dagegen schmolz von 9 auf ganze 5%[40].
Auch die Tage der Mega-Fusionen dürften nicht gezählt sein. Grundlage der vielgerühmten Synergieeffekte sind Arbeitsplatzvernichtung und Standortschließungen. Nicht selten werden Betriebsteile ausgelöscht, die durchaus schwarze Zahlen schreiben, nur eben das gewünschte Renditemaximum nicht erreichen. Wertvolle wirtschaftliche Kapazitäten werden auf diese Weise vernichtet und Tausende Menschen ihrer sozialen Existenz beraubt. Im gängigen Sprachgebrauch handelt es sich um „Überkapazitäten". Aber welch ein Zynismus, in einer Welt, in der

---

[39] Die Welt 21.5.01
[40] ND 14./15.4.01

für drei Viertel der Menschheit nicht einmal die minimale Subsistenz gesichert ist, von wirtschaftlicher Überkapazität zu reden! Zumal das Fusionsmonopoly durch Stillegungen und Entlassungen die Kaufkraft der Leute permanent nach unten drückt und somit selbst immer neue Überkapazitäten schafft. Diese motivieren dann neue Zusammenschlüsse ...
Alles in allem eine düstere Dynamik, die dem Lobgesang auf die produktivitätsfördernde und wohlstandssteigernde Wirkung freier Märkte ins Gesicht schlägt. In der Geschichte der Vereinigten Staaten gab es bisher fünf große Wellen von Unternehmensfusionen. Jede von ihnen endete in einer volkswirtschaftlichen Krise, in Crashs am Aktienmarkt, in Elend und Massenarbeitslosigkeit. Besonderes angeheizt war das internationale Fusionsfieber im Vorfeld der Weltwirtschaftskatastrophe von 1929. Die Folgen sind bekannt. Alle Erfahrungen belegen: Freie Märkte unter kapitalistischen Bedingungen heilen nicht, sie töten – und zwar in erster Linie sich selbst.
Ist damit jede Regulation der Produktion über Wettbewerbsmärkte auch für eine sozialistische Ökonomie tabu? Solchen Schluß ziehen hieße, die positiven Seiten funktionierender Märkte – schnelle Rückkopplung vom Verbraucher zum Produzenten, Stimulierung von Produktivitätssteigerungen und den Zwang zu sparsamem Umgang mit (kostenträchtigen) Ressourcen – zu ignorieren. Tatsächlich ist volkswirtschaftliche Produktion nur in der strategischen Orientierung, nie aber im Detail längerfristig planbar. Diese Aussage gilt auch im Zeitalter modernster Computertechnik. Denn die Schwierigkeit der Planung einer Volkswirtschaft en detail liegt durchaus nicht nur in der ungeheuren Datenmenge, die verarbeitet werden muß. Das Hauptproblem ist, daß die Abläufe als solche nur begrenzt vorherbestimmt sind. Kleine und große technologische Neuerungen verändern ständig die Produktionsverfahren und sind ebensowenig vorhersehbar wie bahnbrechende Erfindungen, die völlig neue Produkte kreieren. Selbst simple Dinge wie Wettertur-

bulenzen beeinflussen den Bedarf auf eine nie genau vorhersehbare Weise. Natürlich sind mit Mitteln der Statistik und Wahrscheinlichkeitsrechnung bestimmte Trends in die Zukunft extrapolierbar. Und mit differenzierten Input-Output-Tabellen läßt sich relativ genau berechnen, welche gesamtvolkswirtschaftlichen Folgen eine neue Technologie oder bestimmte Verschiebungen im Endverbrauch oder auch ein Mehr an einem spezifischen Gut voraussichtlich nach sich ziehen.
Aber in einem hochkomplexen System mit einer Unzahl von Koppelungen und Schaltstellen resultieren aus minimalen Abweichungen und Zufallseinflüssen auf den einzelnen Ebenen schnell derart große Divergenzen im Gesamtablauf, daß am Ende nichts mehr paßt und stimmt. Gerade wenn man Grundrichtung und Prioritäten der wirtschaftlichen Entwicklung steuern will, muß diese Steuerung durch immanente Rückkopplungsschleifen abgesichert werden. Weniger kybernetisch ausgedrückt: Informationen über Nachfrageverschiebungen kommen in den Betrieben einfach schneller an als in zentralen Behörden. Und neue Techniken müssen möglichst ohne Zeitverzug betrieblich zum Einsatz kommen. Flexibles Reagieren aber setzt den nötigen Entscheidungsfreiraum voraus. Dieser sollte durch gesellschaftliche Vorgaben zwar in bestimmte Richtungen gelenkt, aber nicht aufgehoben werden.
Grundlage der nötigen Rückkopplung sind funktionierende Marktmechanismen, deren Existenz durchaus nicht an bestimmte Formen wirtschaftlichen Eigentums gebunden ist. Ein Markt kann die Produktionsentscheidungen staatlicher Unternehmen ebenso kontrollieren und regulieren wie die von privaten oder genossenschaftlichen. Einzige Bedingung ist (und das gilt für alle Eigentumsformen!), daß jeweils nicht nur ein, sondern mehrere Anbieter um ein und dasselbe Marktsegment konkurrieren. Dies können durchaus auch mehrere staatliche Anbieter sein. Auch betriebliche Rechnungsführung und leistungsgerechte Bezahlung sind keine Frage der Eigentumsform. An der direkten Unternehmensführung

privater Konzerne sind selbst Großanleger heute nur noch in seltenen Fällen beteiligt. Daß das Management aller Ebenen deren Shareholder-Value-Interesse dennoch bedingungslos zum Maßstab seines Handelns macht, wird durch „anreizkompatible“ Arbeitsverträge und durch Bezahlung mit Unternehmensaktien und Aktienoptionen sichergestellt.

Solche „Anreizkompatibilität“ braucht natürlich auch ein vergesellschafteter sozialistischer Betrieb, wenngleich die Richtung der Anreize sich deutlich unterscheiden dürfte. Selbstredend geht es um Produktivitätssteigerung und Überschüsse. Aber es geht auch um die Bedingungen, unter denen diese Überschüsse produziert werden: um humane und sichere Arbeitsverhältnisse, um kürzere Arbeitszeiten, um angemessene Bezahlung, nicht zuletzt um wesentlich größere Spielräume für die Beschäftigten, die unternehmensinternen Entscheidungen zu beeinflussen.

Der Unterschied zwischen einer in Kernbereichen vergesellschafteten und einer privatkapitalistischen Wirtschaft besteht nicht in der platten Alternative Plan oder Markt. Die wirklichen Unterschiede sind: erstens, daß erwirtschaftete Überschüsse im Falle von Staatseigentum der Allgemeinheit und nicht privaten Shareholdern zugute kommen; zweitens, daß Produktions- und Investitionsentscheidungen nicht sklavisch und um jeden Preis dem Prinzip der Gewinnmaximierung unterliegen. Die Gestaltung der Güterpreise kann an anderen Prioritäten ausgerichtet werden, soweit dies gesellschaftlich wichtige Effekte hat (beispielsweise ökologische, aber natürlich auch soziale). Und der dritte, vielleicht wichtigste Unterschied ist, daß hohe Löhne, Mitbestimmung und Humanisierung der Arbeitswelt nicht länger mit Investitionsentzug und Erpressung beantwortet werden können.

Letztlich ist die Wahl der Eigentumsform eine Frage der realen Produktionsbedingungen. Dort, wo sich die Wertschöpfung schon aus technologischen Gründen in riesigen Unternehmen mit Tausenden Beschäftigten konzentriert, bedeutet Eigentum ökonomische und gesellschaftliche Macht. Und dort hat Privateigentum nichts zu suchen. Das betrifft den Finanzsektor, die Energiewirtschaft, den Fahrzeugbau, weite Teile der chemischen Industrie, Telekommunikation und Transport, bestimmte Zweige des Handels – mindestens also die Liste der Dax-Unternehmen. In einigen dieser Bereiche sind Marktmechanismen generell nicht funktionsfähig, in anderen könnten veränderte Eigentumsverhältnisse sogar wieder zu einem Mehr an Wettbewerb und Kundenorientierung führen. Völlig anders sind die Verhältnisse im Mittelstand, sei es in Handwerk, Landwirtschaft, Dienstleistungssektor oder produzierendem Gewerbe. Hier geht es um Förderung privater wie genossenschaftlicher Unternehmen. Enteignungen oder Verstaatlichungen wären fehl am Platz, wie nicht zuletzt die DDR-Erfahrungen nach 1972 belegen.

Mythos Kapital

Ohne Kapital – so der Mythos – keine Produktion, keine Investition und keine Arbeitsplätze. Kapital aber geht dahin, wo ihm die besten Renditechancen winken. Seit Kapital global mobil ist, werden auch die Maßstäbe global gesetzt. Ein Land, das sich ertragsschädigende Steuersysteme, renditeunfreundliche Regulierungen oder ein zu hohes Lohnniveau leistet, vertreibt die Investoren. Und welch ruinöse Auswirkungen massenhafter Kapitalabzug haben kann, wurde 1997 in Südostasien vorgeführt. In den ehemaligen Tigerstaaten, die kurz zuvor noch mit einzigartigen Wachstumsraten glänzten, kollabierte die Wirtschaft. Inflation, Insolvenzen, Arbeitslosigkeit und Armut in einem lange nicht mehr gekannten Ausmaß zeichneten die vormaligen Erfolgsmodelle. Millionen Menschen waren um ihre soziale Existenz gebracht. Ein ähnliches Szenario mit ähnlich üblen Folgen ruinierte ein Jahr später die russische Wirtschaft. Erholt haben sich die betreffenden Länder von dem Desaster bis heute nicht.
Was ist die Konsequenz? Bleibt Regionen und Staaten keine Wahl, als sich dem transnationalen Kapital zu Füßen zu legen? Was eigentlich steckt hinter den Billionen, die tagtäglich um den Globus rauschen?

Seltsame Wertgespenster

Die Plausibilität des Arguments, daß Kapital einerseits zur Produktion unabdingbar ist, andererseits aber nur dahin geht, wo man es auf Rosen bettet, ruht auf der Doppeldeutigkeit des Kapitalbegriffs. Unter Kapital werden zum einen die Mittel und Instrumente verstanden, die zur Produktion spezifischer Güter bzw. zum Bereitstellen bestimmter Dienstleistungen notwendig sind: die technischen Anlagen, die Gebäude, die Software, zum Teil – als „Humankapital" – sogar die Qualifikation der Beschäftigten. Diese Dinge freilich sind es kaum, die

sich beliebig von Land zu Land dirigieren lassen. Kapitalflucht meint nicht, daß ein Konzernchef seine Produktionsanlagen in Container verpackt, einschifft und einige tausend Kilometer entfernt wieder aufbaut und weiterbetreibt. Kapitalflucht bedeutet: Schließung der Betriebe, Entlassung der Beschäftigten und Verschrottung der Anlagen. Was tatsächlich „flieht", ist Geld, und dies nicht bzw. nur selten in schwarzen oder silbernen Koffern.
Die Flucht findet wesentlich in Bankcomputern statt. Zahlen, die für Guthaben in bestimmter Währung stehen, werden in andere Zahlen, die für andere Währungen stehen, umgewandelt. Oder aus Zahlen, die für Anrechte auf bestimmte Aktien oder Anleihen stehen, werden andere Zahlen, die andere Anrechte begründen. Manche Zahlen stehen auch nur für potentielle oder für künftige Anrechte. Und andere stehen genaugenommen für gar nichts. Und dennoch kann, was eigentlich nur in den Computern der Börsen und Banken vor sich geht, Millionen Menschen in Armut stürzen und die Produktionsleistung ganzer Volkswirtschaften auf einen Bruchteil einstiger Stärke herunterfahren, wie in Südostasien geschehen.
Um auf die Doppeldeutigkeit zurückzukommen: Kapital bedeutet immer auch und gleichzeitig einfach Geld. Geld ist Produktionsbedingung aber nur insofern, als Maschinen und Anlagen heute – wie alle anderen Güter – nur für hinreichend liquide Leute bzw. Unternehmen zu haben sind. Geld selbst produziert nichts. Es gibt auch keine zwingende Beziehung zwischen Anlagewert und physischer Kapazität; teure Anlagen produzieren nicht in jedem Fall mehr als billige, und hohe Aktienkurse garantieren nicht besonders wertvolle wirtschaftliche Kapazitäten. Diese Erfahrung haben viele Anleger am Neuen Markt im letzten Jahr schmerzlich gemacht.
Ist von Kapital als fliehendem und global beweglichem die Rede, ist immer nur Liquidität gemeint: Geld, das sich zwar in Investition verwandeln kann, als solches aber noch für keinen Arbeitsplatz und kein produziertes Automobil bürgt. Selbst in Regionen, in denen sich Un-

mengen liquider Mittel konzentrieren, wie in den Tigerstaaten vor dem Crash, steigen nicht annähernd proportional die Investitionsquoten. In erster Linie steigen die Börsenwerte der Aktien. Eine wachsende Kluft zwischen Börsenkapitalisierung und realer Produktion gehört zu den global typischen Phänomenen der letzten zwanzig Jahre. Immerhin stand der zwischen 1980 und 2000 um rund 80% gestiegenen Weltwirtschaftsleistung ein Zuwachs der Marktkapitalisierung an den Weltaktienbörsen um 1032% gegenüber. Ende des ersten Quartals 1960 lag das Verhältnis zwischen dem Buchwert der Aktien und dem Bruttosozialprodukt in den Vereinigten Staaten noch bei 73,7%. 1999 waren es bereits 185,6%, Ende des ersten Quartals 2000 sogar 207,4%.
Freilich: So schnell eindrucksvolle Börsenmilliarden entstehen, so flink schmelzen sie unter Umständen auch wieder dahin. Als Alan Greenspan am dritten Januar 2001 die Leitzinsen um fünfzig Basispunkte senkte, schoß die vorher gebeutelte Technologie-Börse noch am selben Tag um 14,2% nach oben und realisierte den höchsten Tagesgewinn ihrer Geschichte. Der Wert aller amerikanischen Aktien stieg um gut 700 Milliarden Dollar. Eines Menschen Wort hatte somit 700 Mrd. Dollar „Vermögen“ geschaffen. Langes Leben hat der Schöpfer seiner Kreatur allerdings nicht eingehaucht. Bereits am Folgetag platzte die Luftnummer, und die Kurse dümpelten wieder auf Ursprungsniveau vor sich hin.
Auf dem amerikanischen Freiverkehrsmarkt wurde zwischen März 2000 und Januar 2001 Vermögen im Wert von 3750 Milliarden Dollar vernichtet. Die Kapitalisierung der Weltaktienmärkte schrumpfte allein zwischen März und November 2000 um 4200 Milliarden Dollar. Rechnerisch entspricht das dem japanischen Bruttoinlandsprodukt eines ganzen Jahres. Ein zwölfstelliger Betrag – weg, in Luft aufgelöst! Und diesen seltsamen Werten, die irgendwo aus dem Nichts entstehen und ebenso schnell auch wieder ins Nichts verschwinden, soll die Welt sich zu Füßen legen? Dieser nichtige Schaum soll Voraussetzung für Produktion und Wohlstand sein? Um

ihn ins Land zu holen, sollen Sozialleistungen gestrichen, Löhne gesenkt und soll Millionen Menschen ein Leben in sozialer Unsicherheit und Abstiegsangst zugemutet werden?
Gehen wir zunächst der Frage nach, woher diese seltsamen Wertgespenster eigentlich kommen. Immerhin floaten gegenwärtig Tag für Tag etwa 4 Billionen Dollar um den Globus. Etwa die Hälfte davon wird auf den Weltdevisenmärkten umgesetzt, die andere im internationalen Handel mit Aktien, Anleihen und diversen Derivaten. Maximal 2 Prozent dieser Geldtransaktionen haben irgendeinen Bezug zum realen Welthandel. Der Rest dient Spekulation und Arbitragegeschäften. Ein derartiges Übergewicht reiner Finanzbewegungen hat es noch nie gegeben. Wo liegen die Ursachen dafür?

Finanzmärkte als Geldschleuder

Traditionell besitzt Geld zwei Grundfunktionen: Es ist Transaktionsmittel zur Abwicklung der Käufe und Verkäufe realer Güter, und es ist Wertaufbewahrungs- und zugleich Kreditmittel. Was die einen sparen, wird an andere ausgeliehen. Die Ausleihe kann nur der Überbrückung dienen oder große Anschaffungen finanzieren, die erst nach Jahren abgetragen sind.
Die Zentralbanken haben nach gängiger Lehrbuchmeinung die Aufgabe, die Geldversorgung der Volkswirtschaften zu steuern. Sie haben die Pflicht, dafür zu sorgen, daß die für die Transaktionen einer wachsenden Wirtschaft nötige Liquidität jederzeit zur Verfügung steht. Nicht zuviel, aber auch nicht zu wenig. Denn fällt die Dosis zu hoch auch, sind gemäß der herrschenden ökonomischen Theorie inflationäre Prozesse die Folge; dosieren die Zentralbanker dagegen zu knapp, drohen Wirtschaftsabschwung, Arbeitslosigkeit, möglicherweise Deflation. Ob die Zentralbanken überdies mit den Mitteln der Zinspolitik konjunkturelle Feinsteuerung betreiben, d.h. einer Überhitzung durch Zinserhöhungen vorbeugen und einer Rezession durch kräftige Zinssenkungen ent-

gegenwirken sollten, ist umstritten. Die amerikanische Zentralbank bekennt sich zu dieser Funktion, die Europäische Zentralbank ist, nach dem Vorbild der Bundesbank, auf stabile Preise fixiert. Aber diese Differenz soll uns zunächst nicht interessieren. Wichtiger ist die Frage, *ob* Notenbanken unter heutigen Bedingungen die vorhandene Liquiditätsmenge und das Zinsniveau tatsächlich noch steuern *können*.

Der klassische Mechanismus dieser Steuerung war simpel: Die Zentralbank eines Landes stellt den Geschäftsbanken Monat für Monat zusätzliches Geld in bestimmter Höhe zur Verfügung. Die Banken leihen dieses Geld an andere Wirtschaftsteilnehmer aus, bevorzugt an Unternehmen, die damit Investitionen finanzieren, oder an den Staat. Kauft das Unternehmen A beim Unternehmen B, kreditfinanziert durch die Bank X, eine neue Fertigungsanlage, wird aus dem Kredit eine Einnahme des Unternehmens B, die sich als Guthaben auf B's Konten bei Bank Y niederschlägt. Bank Y kann das betreffende Geld also wieder ausleihen. Und auch dieser Kredit wird – sei es zum Tätigen von Käufen, sei es zur Begleichung von Schulden – wieder ausgegeben und dadurch wieder zu irgend jemandes Einlage bei einer Bank. Und so immer weiter. Jede Ausleihe vergrößert das Kreditvolumen und zugleich die Kaufkraft, die in einer Wirtschaft zum Erwerb von produktiven oder konsumtiven Gütern und Leistungen zur Verfügung steht. Nicht jeder Kauf aber erhöht die reale Produktion. Produktionswirksam sind lediglich investive Ausgaben, und auch diese wirken erst nach Ablauf einer gewissen Zeit. Wächst die Kaufkraft indes schneller als die reale Erzeugung, steigen die Preise.

Der Prozeß der Kreditschöpfung muß daher kontrolliert und beschränkt werden. Dies geschieht unter anderem dadurch, daß Banken verpflichtet werden, einen gewissen Prozentsatz jeder Einlage als Mindestreserve bei der Zentralbank zu hinterlegen. Wenn sie 1000 DM von einem Wirtschaftsteilnehmer bekommen und die Mindestreserve beträgt 10%, können sie nur 900 DM als Kredit weitergeben. Die nächste Bank, bei der diese 900 DM als Einlage ankommen, leiht maximal 810 DM wieder aus. So ergibt sich aus den Mindestreservesätzen ein genau berechenbarer „Geldschöpfungsmultiplikator", der anzeigt, wieviel Kaufkraft – sogenanntes Buchgeld – die Geschäftsbanken mit 1 Euro Zentralbankgeld schaffen können. Berücksichtigt die Zentralbank diesen Multiplikator, kann sie die gesellschaftlich verfügbare Liquidität gezielt steuern.

So die Logik der Lehrbücher. Mit der heutigen geldpolitischen Realität hat dieser Mechanismus allerdings nicht mehr viel zu tun. Er wurde in dem Augenblick unterminiert, in dem die Geschäftsbanken dazu übergingen, Fremdwährungseinlagen unter nicht-mindestreservepflichtigen Offshore-Bedingungen zu akzeptieren und entsprechende Kredite auszuleihen. Historisch geht diese Entwicklung bis in die erste Hälfte der fünfziger Jahre zurück, als britische und Außenstellen amerikanischer Banken zur Umgehung bestimmter staatlicher Restriktionen der Vereinigten Staaten in der Londoner City mit Dollar-Guthaben zu handeln begannen. Diese Guthaben unterlagen zum einen keinen gesetzlichen Reserveanforderungen; zum anderen wurde die Liquiditätsreserve, die die Banken in gewisser Höhe natürlich immer noch hielten, jetzt nicht mehr bei einer Zentralbank, sondern bei anderen Geschäftsbanken hinterlegt. Dadurch aber – und das ist der entscheidende Unterschied – stand sie in voller Höhe erneut zur Kreditgewährung zur Verfügung. Eine Ausweitung des Kreditvolumens reduziert in einem solchen System die zur Verfügung stehende Liquidität um keinen Cent. Der „Geldschöpfungsmultiplikator" wird potentiell – wenn auch nie real – unendlich groß. Wieviel Buchgeld tatsächlich in Umlauf kommt, hängt jetzt ausschließlich von der Nachfrage und den Risikoerwägungen der Banken ab.

Was in den fünfziger Jahren zaghaft begann, erweiterte sich nach Zusammenbruch des Systems von Bretton Woods zu einem gewaltigen Markt, der neben den damals noch weitgehend regulierten nationalen Finanz-

märkten expandierte und diesen mehr und mehr die Grundlage entzog. Über diesen Markt exterritorialer Dollarguthaben (auf dem mit der Zeit auch andere Währungen, insbesondere DM, gehandelt wurden) wurde problemlos sowohl die hohe Inflation der siebziger Jahre als auch die enorme Aufblähung der internationalen Vermögens- bzw. Schuldenpyramide, die damals einsetzte, finanziert.
Heute sind die meisten Regulierungen auch auf den nationalen Finanzmärkten aufgehoben. Jede große internationale Geschäftsbank hat jederzeit die Möglichkeit, sich statt über die Zentralbank ihres Landes über den internationalen Geldmarkt Liquidität zu besorgen. Da das ausgeliehene Geld zeitgleich – über eine andere bzw. sogar die gleiche Bank – wieder ins System zurückkehrt und damit erneut als Kreditmittel zur Verfügung steht, ist das Finanzierungspotential faktisch unbegrenzt. Über Verbriefung und Bankbestätigungen kann überdies auch jede an sich illiquide Termineinlage handelbar gemacht, d.h. in Liquidität verwandelt werden. Liquiditätsengpässe entstehen auf dem heutigen Finanzmarkt prinzipiell nicht mehr aus realem Liquiditätsmangel, sondern aus Risikoabwägung bei vorhandenen oder befürchteten Turbulenzen (sei es einzelner Institute oder Unternehmen, sei es ganzer Volkswirtschaften). Dann wird Liquidität teuer, weil jene, die über sie verfügen, das Angebot verknappen.
Die im letzten Jahrzehnt des 20. Jahrhunderts explosionsartig angewachsene Summe täglich auf den Finanzmärkten umgesetzter Beträge bestätigt die prinzipiell grenzenlose Geldschöpfungskapazität dieses Systems. Auch die unglaubliche Steigerung der Weltvermögenswerte – die der (scheinbar) realen Geldvermögen wie die beispiellose Aktienhausse der neunziger Jahre – ist wesentlich über diesen Mechanismus finanziert worden.
Nach monetaristischer Theorie müßte permanente Inflation zu den Konsequenzen eines solchen Systems gehören. Denn vordergründig scheint es sich von der notenbanklich in Gang gesetzten Geldpresse etwa im

Deutschland der zwanziger Jahre kaum zu unterscheiden. Dennoch konnten die inflationären Prozesse in allen Industrieländern in den achtziger Jahren gelindert und in den Neunzigern weitgehend gestoppt werden. Dies belegt die These, daß es sich bei Inflation gar nicht primär um ein monetäres Phänomen handelt, sondern um eine Folge realer Verteilungskämpfe, freilich unter bestimmten monetären Voraussetzungen. Exzessive Geldschöpfung schlägt sich nur dann in einer exzessiven Steigerung der Nachfrage auf den Märkten für reale Güter und Dienstleistungen nieder, wenn die zusätzliche Liquidität bei solchen Unternehmen oder Privatleuten ankommt, die sie für zusätzliche *Güter*käufe nutzen. Das scheint selbstverständlich zu sein, ist es indes bei weitem nicht. Aber dazu später.

Staatsschulden und virtuelle Vermögen

Wir haben oben festgestellt, daß im gegenwärtigen Finanzsystem die Geldschöpfung letztlich nur von der Nachfrage und von den Risikoerwägungen der Banken abhängt. Woher aber kam der Bedarf an derart immensen Mitteln? Und was steht hinter den auf diese Weise geschaffenen Milliardenvermögen?
Sehen wir uns zunächst den Kreditmechanismus näher an. Jeder Kredit erzeugt ein kurz- oder langfristiges Verhältnis zwischen einem Schuldner und einem Gläubiger. Dafür, daß ersterer über eine gewisse Geldsumme eine gewisse Zeit verfügen kann, zahlt er an letzteren Zinsen, die dieser als Einkommen verbucht. Je höher die Zinsen, desto größer der Betrag, um den sich das Geld des Gläubigers durch Ausleihe vermehrt. Das Zinseinkommen basiert allerdings nicht in jedem Fall auf einer Vergrößerung der realen Produktion. Unmittelbar handelt es sich um bloße Umverteilung von Kaufkraft. Der Schuldner erhält über den Kredit zunächst eine größere Kaufkraft, als er seinem Einkommen nach besäße. Der Gläubiger verzichtet in gleicher Höhe darauf, Kaufkraft, die ihm zustünde, wahrzunehmen.

Bei der Rückzahlung der Schulden kehrt sich diese Übertragung von Kaufkraft um, wobei der Gläubiger mehr zurückerhält, als er ursprünglich ausgegeben hat. Der Schuldner ist also nur dann nicht ärmer, als er vorher war, wenn er das geliehene Geld produktiv investiert und sich auf diesem Wege ebenfalls ein zusätzliches Einkommen verschafft hat, das mindestens auf Höhe der Zinsen, möglichst aber über ihnen liegt. Das ist der klassische Mechanismus: Die Privathaushalte sparen, die Unternehmen verwandeln die Ersparnisse in Investitionen und somit in zusätzliche Produktion; dadurch sind die Geldvermögen durch wachsende Produktionskapazitäten gedeckt und die Zinseinkommen der Vermögensbesitzer werden real erwirtschaftet.
Die Realität hat sich von dieser Theorie weit entfernt. Die Gesamtverschuldung der Welt steigt jährlich um gut 5 Prozent, während die Weltwirtschaft nur um etwa die Hälfte wächst. Schon 1998 hatte die private und öffentliche Verschuldung in den Vereinigten Staaten (unter Einrechnung der Pensionsverpflichtungen) ein Niveau von 240% des BSP erreicht. In Japan waren die Schulden knapp dreimal so hoch wie die jährliche Wirtschaftsleistung[41].
Der wesentliche Grund für diese Entwicklung liegt in der überwiegend konsumtiven Verwendung von Krediten. Diese wiederum hat wenig mit Verschwendungssucht, viel dagegen mit realen Einkommenskontrasten zu tun. Wir haben vorhin gesehen, daß kapitalistische Märkte dahin tendieren, Einkommen bei wenigen Nutznießern zu konzentrieren. Einkommenskonzentration aber geht in der Regel mit steigenden Sparquoten und insgesamt sinkenden Konsumausgaben einher. Denn wer bereits sehr viel verdient, mag bei weiteren Einkommenszuwächsen seinen Verbrauch zwar steigern, tut dies aber im allgemeinen nicht in dem Maße, das nötig wäre, die unterhalb des volkswirtschaftlichen Wachstums dahindümpelnde Kaufkraft der weniger Verdienenden auszu-

---

[41] FAZ 26.9.98

gleichen. Dadurch verlangsamt sich der Zuwachs der Konsumnachfrage; unter Umständen stagniert sie gar oder wird rückläufig. Das wiederum verringert den Anreiz, die wachsenden privaten Ersparnisse in Investitionen zu verwandeln.

Dieses Problem wurde – nicht zum ersten Mal – in den siebziger Jahren des vergangenen Jahrhunderts akut. Das Nachkriegsmodell in den westlichen Industriestaaten hatte seine Potentiale erschöpft. Die Gewerkschaften nutzten annähernde Vollbeschäftigung zur Durchsetzung produktivitätsorientierter Lohnforderungen. Die Konzerne reagierten mit Entlassungen und einer ersten Welle von Produktionsverlagerungen vor allem arbeitsintensiver Fertigungsbereiche nach Südostasien und Lateinamerika. Billiglöhne und allgemeine Rechtlosigkeit der Arbeitenden in dieser Region ließen die Profite sprunghaft nach oben schnellen; steigende Arbeitslosigkeit vor allem in Europa drückte zeitgleich die Nachfrage nach den produzierten Gütern nach unten. Letzteres wurde verstärkt durch rasant steigende Ölpreise, die die globalen Einkommen zugunsten der Ölmultis sowie der Eliten in den OPEC-Staaten umverteilten. Konzerngewinne und Petrodollar häuften sich auf den internationalen Finanzmärkten; aber es mangelte an produktiven Anlagemöglichkeiten. Die Gefahr einer Abwärtsspirale, in der Verbrauch und Investitionen sich gegenseitig nach unten drücken, wurde akut.

Das Grundproblem bestand darin, die aus der globalen Konzentration der Einkommen resultierenden überschüssigen Ersparnisse auf irgendeinem Weg in den weltwirtschaftlichen Kreislauf zurückzuschleusen. Die Lösung wurde damals auf zwei Wegen gefunden. Zum einen erhielten die Entwicklungsländer, vor allem jene, die zum neuen Zielobjekt von Auslandsinvestitionen geworden waren, scheinbar großzügige Kredite zu – zunächst! – niedrigen Zinsen. Mit diesem Geld wurde die für die investierenden Konzerne nötige Infrastruktur bereitgestellt. Dazu gehörten nicht nur Verkehrswege und ein Mindestmaß an Qualifikationsmöglichkeiten der Beschäftigten; dazu gehörte auch die Ausstattung aufwendiger Militärdiktaturen mit Waffen, die das Ausbeutungsregime in den neuen Betriebsstätten gegen mögliches Aufbegehren abzusichern und politische Stabilität zu garantieren hatten. Der andere Hauptnachfrager nach dem überschüssigen Geld waren die Industriestaaten selbst, die zur Abwendung der Krise kreditfinanzierte Ausgabenprogramme starteten. Ein wesentlicher Teil dieser Ausgaben floß in soziale Transferleistungen, um die Folgen der neuen Massenarbeitslosigkeit abzufedern und die Kaufkraft zu stabilisieren. Ein weiterer Schwerpunkt der öffentlichen Ausgabentätigkeit – insbesondere in den USA ab Anfang der achtziger Jahre – war die Finanzierung gewaltiger Rüstungsvorhaben, die eine neue Runde des globalen Wettrüstens einleiteten.

Sowohl in den Industriestaaten als auch in den Entwicklungsländern diente der Kredit also primär nicht der Ausweitung wirtschaftlicher Kapazitäten, sondern einer bloßen Umverteilung von Ansprüchen an den gesellschaftlichen Reichtum. Die einen konsumierten mehr, die anderen weniger, als es ihnen im Rahmen der primären Einkommensverteilung möglich gewesen wäre. Wo die künstlich geschaffene Kaufkraft in Waffenproduktion und Rüstung floß, konsumierte zwar niemand individuell mehr, der Grundmechanismus aber war der gleiche. Der schuldenvermittelte Kaufkrafttransfer wirkte der durch die Konzentration der Einkommen verursachten Nachfrageschwäche entgegen und half so, wirtschaftliche Krisentendenzen abzufedern.

Dieselbe Umverteilung kann die öffentliche Hand natürlich auch per Steuer erreichen. Der Unterschied in der kurzfristigen Wirkung besteht lediglich darin, daß Konzerne und private Großvermögensbesitzer alles zu unternehmen pflegen, um Steuerzahlungen zu vermeiden, während sie im allgemeinen gern bereit sind, Staatsanleihen zu kaufen oder öffentliche Haushalte – zumindest die der als sicher geltenden Industrienationen – auf anderem Wege zu kreditieren. Entgegen dem Schein gilt aber auch im Falle des Staatskredits: Das Geld ist weg.

Mit ihm wurden Straßen oder Panzer gebaut, es wurden Verwaltungsbeamte bezahlt oder Langzeitarbeitslosen ermöglicht, sich ihre Lebensnotwendigkeiten zu kaufen. In jedem Fall wurde es auf eine Art ausgegeben, die kein zusätzliches Produktionspotential schafft und insofern auch keine zusätzlichen Einkommen. Das heißt: Die Vermögen, die den Staatsschulden gegenüberstehen, haben keinen realen Gegenwert.

Trotzdem gibt es natürlich einen grundlegenden Unterschied zwischen Besteuern und Borgen, der darin liegt, daß die Vermögenswerte im letzteren Fall zumindest nominell fortbestehen. Über den realwirtschaftlichen Prozessen türmt sich so eine stetig wachsende Pyramide von Vermögen und Schulden auf. Zunächst hat diese Pyramide ein rein buchungstechnisches Dasein und keine Rückwirkungen auf die Realwirtschaft. Die nominellen Vermögen stehen allerdings nicht nur auf dem Papier; sie begründen *Einkommensansprüche* ihrer Eigentümer gegen den Staat. Und der erwünschte Kaufkrafttransfer vom überliquiden Gläubiger zum geldbedürftigen Schuldner findet nur so lange statt, wie die Summe aus Zins und Tilgung, die der Schuldner in einer bestimmten Zeit zahlt, kleiner ist als seine Neukreditaufnahme. Zudem erreicht die Kaufkraftübertragung nie die Höhe der gesamten Neuverschuldung, sondern immer nur die Höhe der Neuschulden *abzüglich* Zins und Tilgung. Dieser Minus-Posten aber wächst exponentiell. Das heißt, die Schulden müssen immer schneller steigen, um eine wenigstens konstante Kaufkraftübertragung von den Geldvermögensbesitzern zum Rest der Gesellschaft zu realisieren. Der Staat ist also gezwungen, immer mehr Kredit nachzufragen. Damit wachsen aber auch die nominellen Geldvermögen der Staatsgläubiger und die in ihnen begründeten Einkommensansprüche.

Ein Teil des Wachstums, das statistisch als reales Wachstum ausgewiesen wird, wird so rein virtuell. Die Zinsen erhöhen buchungstechnisch die Vermögen ebenso wie die notwendige Neuverschuldung, berühren aber gerade durch diese Doppelbuchung die reale Nach-

frage auf den Märkten für Güter und Dienstleistungen überhaupt nicht. Eine Volkswirtschaft, in der sich der Staat Jahr für Jahr genau in Höhe der auf seine Schulden fälligen Zinszahlungen neu verschulden würde, unterscheidet sich real durch nichts von einer, in der der Staat entweder gar keine Schulden hat oder keine Zinsen zahlt. Es findet keine Umverteilung von Kaufkraft in irgendeine Richtung statt. Es wird nicht mehr und nicht weniger produziert. Allerdings werden in Höhe der Zinsen zusätzliche Einkommen bezogen. Aber diese Einkommen werden – per Saldo – vollständig wieder angelegt und kreditieren die Neuverschuldung. Sie würden sofort inflationär entwertet, wenn ihre Eigner darauf verfielen, sie in reale Ansprüche auf das Produktionsergebnis zu verwandeln. Werden sie aber gespart, *erscheinen* sie statistisch als reales Wachstum, obschon sie in Wahrheit nur das Volumen der virtuellen Schulden und Geldvermögen aufblähen.
Da Kreditgeld im modernen Finanzsystem unbegrenzt zur Verfügung steht, kennt der Aufbau dieser Pyramide von Vermögen und Schulden theoretisch keine Grenze. Praktisch führt die genannte Kluft allerdings irgendwann zu einem Konsolidierungsdruck, der die Richtung des Kaufkrafttransfers umkehrt. Von dem Augenblick an, wo Zins und Tilgung die Neuverschuldung übersteigen, wird die realwirtschaftliche Konzentration der Einkommen durch den Schuldenmechanismus zusätzlich verstärkt.
Die meisten Entwicklungsländer sind bereits seit Mitte der achtziger Jahre Nettozahler. Ihre Schuldenlast hat sich dadurch freilich nicht verringert, da die ihnen abverlangten hohen Zinssätze dafür sorgten und sorgen, daß sie nicht in der Lage sind, auch nur alle in einem Jahr anfallenden Zinsen zu begleichen. Ein Teil davon schlägt sich somit als alljährliche Neuverschuldung und auf der Gegenseite als weiter anwachsendes Geldvermögen nieder. Dieser Vorgang selbst findet ausschließlich in Bankcomputern statt; er begründet jedoch einen brutalen Ausbeutungsmechanismus, in dessen Folge Anrechte auf den global erzeugten Reichtum stetig von den bitter-

armen Ländern des Südens an reiche Vermögensbesitzer im Norden sowie an geldanlegende Banken und Großunternehmen abgetreten werden. In der Konsequenz liegen die durchschnittlichen Pro-Kopf-Einkommen im heutigen Afrika deutlich unter jenen, die die Einwohner vor 40 Jahren, zur Zeit der Unabhängigkeit, beziehen konnten[42]. Die Staaten der Industrieländer sind großenteils erst Mitte der neunziger Jahre – im Rahmen neoliberaler Konsolidierungsprogramme – zu Nettozahlern geworden. Hier findet seither eine permanente Kaufkraftübertragung vom Steuerzahler an Banken und Vermögensbesitzer statt.
Die Höhe dieser Übertragung – und das Tempo generell, mit dem sich die Schulden-Pyramide aufbläht – hängt wesentlich von der Höhe der Zinsen ab.

Zentralbanker als Schaumdompteure

Der Zinssatz ist natürlich nicht nur eine für das staatliche Haushaltsbudget relevante Größe, sondern ebenso wesentlich für Investitionen und damit Arbeitsplätze. Niedrige Zinsen motivieren Kreditaufnahme, hohe erschweren sie. Theoretisch obliegt die Festlegung des Zinssatzes, zu dem eine bestimmte Währung ausgeliehen wird, der Nationalbank des betreffenden Währungsgebiets. Das Problem ist, daß eine Steuerung des Zinsniveaus die Macht voraussetzt, die vorhandene Liquiditäts*menge* zu begrenzen. Ohne diese Macht ist auch keine wirkliche Steuerung möglich.
Daß Leitzinsänderungen der amerikanischen Zentralbank Fed die Geldmarktsätze im internationalen Dollarhandel dennoch weitgehend bestimmen, beruht auf einer höchst fragilen Koppelung, deren entscheidendes Verbindungsglied subjektive Erwartungshaltungen sind. Da ein spekulativer Markt auf kurzfristige Schwankungen, nicht aber auf langfristige Entwicklungen ausgerichtet ist, hängt die Preisbildung für Währungen und Aktien heute

---

[42] FAZ 8.6.00

in erster Linie davon ab, welche Erwartung im relativ kleinen Kreis der ausschlaggebenden Finanzmarktakteure (große Fonds, Brokerhäuser, Großbanken, Finanzabteilungen der großen Konzerne) sich bezogen auf die mehrheitliche Meinung dieses Kreises über bestimmte Ereignisse durchsetzt.

Im konkreten heißt das: Solange eine bestimmende Rolle der Fed-Leitzinsen für die Geldmarktsätze *erwartet* wird, ist kein Marktteilnehmer am Interbankenhandel bereit, billiger zu verkaufen oder teurer zu kaufen als es dem neuen Leitzins entspricht. Damit ist dieser Zins tatsächlich marktbestimmend. Wird ein Zinsschritt des Federal Reserve Board mit relativer Sicherheit vorhergesehen, wird die Änderung sogar schon vorab eingepreist. Zu beachten ist jedoch, daß es keinen automatischen Arbitragemechanismus gibt, der solchen Ausgleich erzwingt, da jeweils nur ein Teil der am internationalen Geldmarkt beteiligten Banken gleichzeitig Zugang zu den Refinanzierungsmöglichkeiten der entsprechenden Zentralbank hat. Der Ausgleich funktioniert nur, sofern und solange die entsprechende *Ausgleichserwartung* existiert.

Bei kleineren Zentralbanken ist diese von vornherein nicht vorhanden. Bei diesen ist Zinspolitik großenteils bloßes Anhängsel der Währungspolitik. Folgen die Notenbanken dem Ziel möglichst stabiler Kurse, müssen sie sich den Trends beugen, die die amerikanische und europäische Zentralbank für sie setzen. Eine Steuerung des heimischen Zinsniveaus unter binnenwirtschaftlich-konjunkturellen Aspekten ist dann nicht mehr möglich.

Aber selbst jene Notenbanken, die die internationalen Geldmarktzinsen wesentlich beeinflussen, haben die Steuerung von Konjunktur und Inflation damit noch längst nicht in der Hand. Der internationale Geldmarkt ist in erster Linie ein Interbankenmarkt; über ihn werden unmittelbar weder Staatsanleihen gekauft noch Investitionen finanziert oder konsumtive Kredite aufgenommen. Damit Veränderungen der Geldmarktzinsen die staatliche Schuldenpyramide bzw. die realwirtschaftliche Gü-

ternachfrage in der einen oder anderen Richtung tangieren, müssen sie die Kapitalmarktzinsen beeinflussen bzw. mit der Kreditvergabe der Banken weitergereicht werden. Hier liegt die nächste Hürde für die Steuerungsmacht von Notenbanken.
Die japanische Zentralbank etwa kämpft seit Jahren mit dem Phänomen, daß selbst ein Refinanzierungszins nahe Null die japanischen Geschäftsbanken nicht dazu bringt, den Unternehmen des Landes zinsgünstig Liquidität zur Verfügung zu stellen und so Investitionen zu stimulieren. Diese Banken, die seit dem Platzen der japanischen Spekulationsblase und verstärkt durch die Asienkrise 1997 einen Berg fauler Kredite vor sich herschieben, durchleuchten statt dessen überkritisch die Bonität jedes potentiellen Kreditnehmers und sind bemüht, die eigene Ertragslage durch möglichst hohe Kreditzinsen aufzubessern. Unter solchen Bedingungen verbilligen Zinssenkungen der Nationalbank die Kreditkonditionen nicht, sondern verpuffen, ohne Konjunktur und Preisentwicklung in irgend relevanter Weise zu berühren. Was sich in Japan in zugespitzter Form zeigt, ist ein generelles Problem. Auch in den USA legen wegen der konjunkturellen Abkühlung laut Fed-Bericht inzwischen 60% der Banken strengere Maßstäbe bei der Kreditvergabe an. Das heißt, sinkenden Leitzinsen der Zentralbank stehen sogar steigende Kreditzinsen gegenüber. Viele Unternehmen dürften ganz von neuer Liquidität abgeschnitten sein und werden in vermeidbare Konkurse getrieben.
Neben der Kreditvergabe der Banken wird Liquidität über den internationalen Kapitalmarkt unter die Leute gebracht. Was das Volumen verfügbarer Finanzmittel anbetrifft, gilt für ihn das gleiche wie für die Geldmärkte, zumal es – seit jede illiquide Anlage durch Verbriefung handelbar geworden ist – ohnehin keine zwingende Übereinstimmung zwischen der Fristigkeit von Einlagen und Ausleihungen mehr gibt. Kredit für längerfristige Anlagen steht damit prinzipiell ebenso unbegrenzt zur Verfügung wie für kurzfristige. Das Verhältnis ist auch

hier in erster Linie eine Frage der Risikoabschätzung und nicht vorhandener Geld-Volumina. Aus diesem Grund gehen in die mittel- und langfristige Verzinsung neben den aktuellen Geldmarktzinsen eine Reihe weiterer Faktoren ein. Amerikanische Staatsanleihen etwa rentierten im Januar diesen Jahres 135 Basispunkte unterhalb des Leitzinses. Umgekehrt ging in Europa kurz vor Einführung des Euro die Sorge um, ein Überangebot von nun nicht mehr wechselkursgefährdeten Euro-Anleihen staatlicher und privater Emittenten (von 40 Milliarden war die Rede) könne im Januar 1999 den Euro-Kapitalmarktzins nach oben treiben – eine Entwicklung, der die europäische Zentralbank nach eigenen Angaben hilflos gegenübergestanden hätte.

Wichtiger aber als die relative Unabhängigkeit der Kapitalmarkt-Referenzwerte von notenbanklichen Entscheidungen ist die Differenzierung der Zinsen. Der Zinsspread – der Aufschlag auf den Referenzwert, den ein Schuldner zu zahlen hat – richtet sich nach der Beurteilung seiner Bonität. Agile und kapitalmächtige Konzerne erhalten Liquidität wesentlich billiger als mittlere Unternehmen, deren Perspektive nie in gleicher Weise gesichert ist. Kleinunternehmen ist der Zugang zu den Kapitalmärkten meist ganz verschlossen. So bewirkt der eingebaute Regulationsmechanismus eines Kapitalmarktes die kumulierende Verstärkung wirtschaftlicher Macht. Vorhandene Liquidität wird so verteilt, daß in erster Linie jene profitieren, die sie am wenigstens brauchen. Dies beeinflußt naturgemäß auch die Verwendung des Geldes. Großunternehmen nutzen zusätzliche Mittel vor allem, um beim großen Spiel auf den Finanzmärkten mit höheren Einsätzen mithalten zu können. Außerdem brauchen sie das Geld, um freundliche oder auch feindliche Übernahmen anderer Unternehmen mit entsprechenden Barmitteln zu unterlegen. Reale Investitionen dagegen werden über diesen Weg weit seltener finanziert.

Krisenverschärfend wirken die schuldnerabhängigen Zinsspreads vor allem dadurch, daß sie sich gerade bei

Konjunkturabkühlung und Zuspitzung der volkswirtschaftlichen Probleme exzessiv erhöhen. Im Gefolge der Asienkrise vom Sommer 1997 und noch einschneidender im Herbst 1998, nach dem russischen Zinsmoratorium und dem Straucheln des LTCM-Fonds, waren an den internationalen Märkten die Rendite-Spreads zwischen Kreditnehmern „erster Bonität" und solchen aus der zweiten und dritten Reihe drastisch auseinandergedriftet. Greenspan erklärte damals, diese Ausweitung der Zinsaufschläge übertreffe alles, was er zeit seines bewußten Lebens als Ökonom beobachtet habe. Kreditsuchende von minderer Bonität waren über eine gewisse Zeit von der Kreditzufuhr faktisch ausgeschlossen. Dies betraf nicht nur als unsicher eingeschätzte Staaten; auch die Finanzierungskonditionen amerikanischer Unternehmen – vor allem mittlerer und kleinerer – verteuerten sich. Daß die wachsende Risikoscheu der Banken in keinem Verhältnis zur Verschlechterung der realwirtschaftlichen Situation stand, wurde damals allseits kritisiert. „So könnte die Kreditverknappung aus Angst vor einer Rezession zum eigentlichen Auslöser der Krise werden", warnte beispielsweise die BHF-Bank.

Der Alp der monetären Virtual Reality

In Südostasien löste der Abzug von Geldern einen wirtschaftlichen Zusammenbruch aus. Genau darin liegt die Gefährlichkeit des Systems. Die irrwitzigen Computerzahlen mit immer mehr Nullen haben zwar keinen realen Gegenwert und sind insofern scheinbar irrelevant. Aber sie konstituieren beispiellose Macht auf Seiten derer, die sie bewegen und darüber entscheiden, wann und wo eine bestimmte Summe im Computer von A nach B wandert. Denn durch den billionenschweren Buchwert der betreffenden Vermögen hat der Zu- oder Abfluß auch nur eines Bruchteils von ihnen gravierende Auswirkungen auf die betroffenen Währungssysteme und Volkswirtschaften. Eine Umschichtung von nur 1% der Aktienbestände institutioneller Anleger der G7-Staaten aus lateinameri-

kanischen Aktien in eine andere Weltregion hätte Mitte der neunziger Jahre 57% der gesamten Marktkapitalisierung Lateinamerikas betroffen. In Südostasien waren es 27%. In den G7-Ländern ist zwar der Anteil geringer, aber auch dort wären Umschichtungen größeren Ausmaßes für keine Volkswirtschaft oder Währung verkraftbar. Gegen börsentäglich umgesetzte 2 Billionen Dollar beispielsweise werden die Devisenreserven selbst der Europäischen Zentralbank zur Marginalie.
Diese Macht wird genutzt, um die virtuellen Zahlen in maximale Einkommen zu verwandeln. Und je größer das Buchvermögen, desto höher die aus ihm abgeleiteten Ansprüche. Abzüglich der oben behandelten Luftbuchungen müssen diese Einkommen real erwirtschaftet werden. Auf sie gründet sich der Reichtum und honorige Lebensstil der Eigentümer jener virtuellen Großvermögen: ihre Sportflugzeuge und eleganten Cabrios, ihre Luxusvillen, First-Class-Reisen, Jachten und Champagnerparties. Das alles ist nicht virtuell, sondern völlig real. Ebenso real wie Entlassungen zum Zwecke der Renditesteigerung; ebenso real wie die materiellen Sorgen der in Billigjobs Abgedrängten; ebenso real wie die Verzweiflung einer sozialhilfeabhängigen Mutter, die ihr Kind für eine Klassenfahrt krank meldet, weil sie die Teilnahmekosten nicht bezahlen kann.
Weit entfernt, Produktionsbedingung zu sein, lastet die Virtual Reality der in sich vieltausendfach verschlungenen und verästelten Finanztürme wie ein Alp auf den Wirtschaften dieser Welt. Sie droht, ihnen Luft, Licht und alle Lebensgeister zu entziehen. Vom Schmiermittel eines reibungsfreien Ablaufs wirtschaftlicher Transaktionen ist die monetäre Sphäre zur hemmungslosen Schaumschleuder geworden, deren Exkremente sich wie eine klebrige Masse in die Poren des Wirtschaftsorganismus zwängen, seine Bewegungen lähmen oder in irre Zuckungen wandeln.
Dieser Schaum ist von keiner Instanz mehr lenk- und steuerbar. Jede geldpolitische Entscheidung kann unter Umständen diametral entgegengesetzte Impulse auslö-

sen, je nachdem, welche dominierende Erwartung bezüglich der dominierenden Erwartungen der dominierenden Erwartungen der dominierenden Erwartungen ... sich bei den Hauptakteuren der Finanzmärkte am Ende durchsetzt. Das System unterliegt derart vielen, diffizilen und komplexen Rückkopplungen, daß der chaostheoretisch bekannte Schmetterlingseffekt hier nicht kuriose Randerscheinung, sondern Grundprinzip der Informationsverarbeitung geworden ist.

Im Normalfall etwa bewirken Zinssenkungen positive Vermögenseffekte an den Aktienbörsen, da die niedrigere Rendite bei konstanter Gewinnerwartung in steigenden Kursen eingepreist wird. Setzt sich dagegen die Ansicht durch, die Zinsabschläge einer Zentralbank seien Ausdruck akuter Rezessions-Sorgen, kann die Wirkung die entgegengesetzte sein. Führt die Befürchtung wirtschaftlichen Abschwungs und sinkender Renditen überdies zum Abzug ausländischer Anlagegelder, treten Wechselkurseffekte hinzu. Dann kann selbst eine Zentralbank wie die Fed in das Entscheidungsdilemma geraten, zwischen Währungsverfall und krisenverschärfender Zinspolitik wählen zu müssen. Nicht einmal, daß Zinserhöhungen eine strauchelnde Währung festigen, ist ausgemacht. Der Euro etwa fiel weiter, als die Europäische Zentralbank im Frühjahr 2001 den Vorgaben der Fed nicht folgte und die Leitzinsen unverändert ließ.

Jedes Wirtschaftsmodell besitzt einen bestimmten Regulationsmechanismus, der die betriebswirtschaftlichen Entscheidungen lenkt und über deren konkretes Zusammenspiel bestimmte Makro-Trends der Ressourcen-, Arbeits- und Einkommensverteilung bewirkt. Maximale Verwertung des eingesetzten Kapitals als betriebliches Entscheidungskalkül ist so alt wie die privatkapitalistische Produktion. Es wirkte immer darauf hin, Löhne als Kostenfaktor möglichst niedrig zu halten. Jede Verbesserung im Lebensstandard der Bevölkerung mußte dem Kapital abgetrotzt, abgerungen, abgekämpft werden. Immerhin stimulierte es im ersten Jahrhundert seiner Existenz technische Innovation, darauf gegründete Pro-

duktivitätssteigerungen und volkswirtschaftliches Wachstum in historisch einmaliger Weise. Und mit dem Verteilungsspielraum wuchs auch die Chance auf Partizipation der großen Mehrheit.
Der heutige finanzmarktvermittelte Regulationstyp kapitalistischer Großproduktion dagegen bewirkt längst keine Ausweitung des gesellschaftlichen Reichtums mehr, sondern eine Verkümmerung des Kapitalstocks, er bewirkt rückläufige Erzeugung vor allem in den Massenbedarfsgüterindustrien, er bewirkt Verarmung statt Wohlstand und eine Produktion weit unterhalb der technologischen Möglichkeiten.

Mythos Zehn Jahre US-Wirtschaftsboom

Annähernd zehn Jahre galten die Vereinigten Staaten als das Erfolgsmodell schlechthin. Eine prosperierende Wirtschaft mit jährlichen Wachstumsraten nahe fünf Prozent, sinkender Arbeitslosigkeit, boomenden Aktienmärkten, Preisstabilität und am Ende üppigen Haushaltsüberschüssen – es schien, als wären alle wünschenswerten wirtschaftspolitischen Ziele, mit deren gleichzeitiger Uneinlösbarkeit die europäischen Staaten seit Jahrzehnten kämpften, hier in wundersamer Einheit Realität geworden. Zurückgeführt wurde dies auf die Wirtschaftsreformen Clintons sowie auf Greenspans glückliche Hand in der Geldpolitik.
Seit Herbst 2000 hat sich das Bild getrübt. Das Wachstum im vierten Quartal lag nach Greenspans Einschätzung „nahe Null". Das Weihnachtsgeschäft verlief lau; kurz vor Jahresende mußten zwei Warenhausketten mit insgesamt 38 000 Beschäftigten Insolvenz anmelden. Bei den Autohändlern häufen sich die Wagen auf Halde; Automobilkonzerne kündigen in großem Umfang Entlassungen an. General Motors: 15 000. Daimler-Chrysler: 26 000. Bereits im vergangenen Jahr waren im produzierenden Gewerbe Hunderttausende Arbeitsplätze abgebaut worden. Der Nationale Einkaufsmanager-Index, das wichtigste Stimmungsbarometer der Industrie, fiel inzwischen auf den niedrigsten Wert seit der Rezession 1990/91. In der US-Internet-Branche jagt eine Gewinnwarnung die nächste. Die Kurse der Aktien sinken. Mit 6,2% Verlust beendete der Dow Jones 2000 sein schlechtestes Jahr seit 1981. Der Freiverkehrsmarkt erlebte mit einem Minus von 39% den tiefsten Einbruch seiner Geschichte. Die Angst vor einer selbstverstärkenden Rückkopplung zwischen sinkenden Kursen und realwirtschaftlicher Abkühlung geht um; eine scharfe Rezession mit entsprechenden Folgewirkungen für die Weltwirtschaft wäre die Konsequenz. Anders als 1998 ist

Greenspans mehrmalige Zinssenkung im Frühjahr 2001 ohne größere Wirkung verpufft.
Aber wie immer er endet, zehn Jahre Aufschwung sind scheinbar als solche ein Qualitätsbeweis für das Modell, das ihn ermöglicht hat. Die Frage ist: *Was* lag den eindrucksvollen amerikanischen Wachstumsraten tatsächlich zugrunde?

Hungerlöhne und Vermögensexplosion

Kaum strittig dürfte sein, daß es sich bei der großen Mehrheit der in den Jahren des Booms neu geschaffenen Arbeitsplätze nicht um solche hochbezahlter Fachkräfte der sogenannten New Economy handelte, sondern um billige Hire-and-Fire-Jobs im Dienstleistungsbereich. Daß solche Jobs massenhaft entstehen und vor allem besetzt werden konnten, hing aufs engste mit Clintons Sozialhilfereform vom August 1996 zusammen, die den individuellen Anspruch lebenslang auf 5 Jahre reduzierte. Nach Ablauf dieser Frist gibt es keinen Cent staatlicher Unterstützung mehr. Dieses Damokles-Schwert erzwingt die Suche nach Arbeit um jeden Preis – und sei es zu den schlechtesten Konditionen. Deregulierte Arbeitsmärkte und relativ schwache Gewerkschaften mit niedrigem Organisationsgrad wirkten in die gleiche Richtung.
Aus dieser Konstellation resultierte freilich eine Verteilung der aufschwungbedingten Einkommenszuwächse, wie sie kontrastreicher nicht sein konnte. Laut einer Studie des Center on Budget and Policy Priorities vom Herbst 1999 hat die Kluft zwischen den Einkommen der reichsten und der ärmsten Amerikaner gegen Ende der neunziger Jahre einen Rekordwert erreicht. Während das Nettoeinkommen der reichsten ein Prozent amerikanischer Haushalte 1999 gegenüber 1977 inflationsbereinigt um 115% gewachsen war und das der oberen fünf Prozent immerhin noch um 43%, lag das Einkommen der ärmsten fünf Prozent 1999 sogar 9% unterhalb des Levels von 1977. Die mittleren drei Fünftel der Bevölke-

rung konnten ihre Kaufkraft in diesen 22 Jahren, zu denen immerhin zehn angeblich beispiellose Boom-Jahre gehörten, um gerade 8% erhöhen. Eine etwa zeitgleiche Studie des Economic Policy Institute stellte fest, „that the gap between the pay of the average U.S. worker and that of top corporate executives has exploded."[Ü5] Während das Verhältnis 1980 noch 42 zu 1 betragen habe, sei es inzwischen auf 419 zu 1 gestiegen.[43] Erstaunlich ist nun, daß der amerikanische Wirtschaftsboom der neunziger Jahre, statistisch gesehen, vor allem vom privaten Verbrauch getragen wurde. Denn die Frage liegt nahe, *woher* bei einer derartigen Umverteilung von Einkommen eigentlich die nötige Kaufkraft kam.

Wir haben oben die Funktion des Staatskredits untersucht, Konsumschwäche infolge wachsender Einkommenskonzentration durch entsprechenden Kaufkrafttransfer abzufedern. Allerdings bewirkte der Konsolidierungsdruck auf die bereits hoch verschuldeten öffentlichen Haushalte an der Schwelle der neunziger Jahre in den meisten westlichen Industrieländern eine Reduzierung der Neuverschuldung, wodurch die Staaten sich zu Nettozahlern wandelten und die ursprüngliche Umverteilungswirkung der öffentlichen Schulden sich in die entgegengesetzte Richtung verkehrte. Das galt ganz besonders für die Vereinigten Staaten. Das amerikanische Modell der Neunziger ist ein Produkt dieser Situation. Es entwickelte einen neuen, höchst eigentümlichen Mechanismus von Kaufkrafttransfer und Vermögensbildung, der eng mit der neuen Rolle der Aktienmärkte verbunden war.

Daß Aktienkurse die reale Entwicklung eines Unternehmens nicht unmittelbar und linear abbilden, ist kein neues Phänomen. Aber nie zuvor gab es eine derartige Divergenz zwischen Kursentwicklung und realem Wirtschaftswachstum wie im letzten Jahrzehnt. Allein in den fünf Jahren seit 1995 schoß der Dow Jones um 200% nach oben. Einige Technologie- und Internet-Titel errei-

---

[43] Alle Angaben: International Herald Tribune 6. September 1999

chen in noch kürzerer Zeit Steigerungsraten von mehreren tausend Prozent. Kurs-Gewinn-Verhältnisse schienen keine Rolle mehr zu spielen. Aktien wurden gekauft, um sie teurer wieder zu verkaufen. Und solange alle daran glaubten, daß sich immer ein noch zahlungsfreudigerer Käufer finden lasse, funktionierte das Spiel, und die Käufer waren auch wirklich da.

Bereits 1996 hatte Greenspan vor einem „irrationalen Überschwang" gewarnt. Und zu diesem Zeitpunkt fing es erst richtig an. Allerdings handelte es sich keineswegs um puren Irrationalismus. Der Prozeß wurde durch eine Reihe realer Faktoren ermöglicht und determiniert. Der „Fall der Mauer", die Öffnung der osteuropäischen Märkte, der Zugang zu den russischen Rohstoffquellen und die Deregulierungs-, Privatisierungs- und Steuersenkungsprogramme der westlichen Regierungen begründeten realistische Erwartungen auf weit überproportional steigende Unternehmensgewinne – Erwartungen, die weder in Europa noch in den Vereinigten Staaten enttäuscht wurden.

Steigende Gewinne indes wirken unter heutigen Bedingungen in mehrfacher Hinsicht kurstreibend: zum einen auf dem klassischen Weg, daß sich die Ertragserwartungen in der Kursentwicklung widerspiegeln, zum anderen, weil wachsende Gewinne zugleich zu einem wachsenden Angebot anlagesuchender Gelder führen, die auf die Aktienmärkte strömen. Ca. 40% der Gewinnsumme eines Konzerns werden heute statt zur Investitionsfinanzierung zur Finanzanlage verwandt. Zum dritten steigen mit den Gewinnen auch die Dividenden und mit der Ertragskraft der Unternehmen auch die Spielräume zur großzügigen Entlohnung des Führungspersonals. Der üppige Einkommenszuwachs der oberen fünf Prozent amerikanischer Haushalte dürfte sich zum entscheidenden Teil darauf zurückführen lassen. All das erhöht das Volumen anlagesuchender Liquidität.

Die zu wesentlichen Teilen private Alterssicherung in den USA wiederum führte dazu, daß auch Mittelklasse-Haushalte, deren Einkommenslage sich im Grunde nur mäßig gebessert hatte, einen wachsenden Teil ihres Geldes in Investment- oder Pensionsfonds investierten. Hinzu kam, daß der scheinbar grenzenlose Boom mit seinen Verheißungen schnellen Reichtums als solcher dazu motivierte, Einkommen soweit möglich in Aktien anzulegen. Vielfach wurden die verfügbaren Mittel durch Kredite weiter aufgestockt. Wenn dabei vorhandene Aktien als Grundlage für Kredite verpfändet wurden, um weitere Aktien zu kaufen, nährte die Hausse sich selbst. Und dieser Mechanismus wurde in den neunziger Jahren exzessiv genutzt. Das Volumen der Effektenkredite, die die an der New York Stock Exchange registrierten Investmentbanken und Wertpapierhändler an ihre Kunden vergaben, verdreifachte sich zwischen 1994 und 1999 und erreichte Ende März 2000 auf dem Gipfel des Booms den Wert von 278 Mrd. Dollar. Der Trick kreditfinanzierter Vergrößerung des Ausgangskapitals wurde natürlich nicht nur von privaten, sondern noch wesentlich intensiver von institutionellen Anlegern genutzt. Insbesondere Hedge-Fonds operieren nicht nur hemmungslos mit der Hebelwirkung von Derivaten, sondern vervielfachen ihre Mittel oft zusätzlich durch Bankkredite. Dank der prinzipiell unbegrenzten Finanzierungsmöglichkeiten heutiger Finanzmärkte wurden auf diese Weise Unmengen kurstreibender Liquidität in den Börsenkreislauf gepumpt.

Was auf diesem Wege entstand, war nicht nur ein gigantischer Turmbau virtueller Vermögen. Dieser Turmbau hatte realwirtschaftliche Rückwirkungen, auf denen der amerikanische Wirtschaftsaufschwung wesentlich beruhte.

Aktien als solche transferieren Kaufkraft natürlich zunächst nur zwischen Anleger und Emittent bzw. Aktienkäufer und Verkäufer. Anders als bei kreditfinanzierten staatlichen Sozialtransfers ist eine innergesellschaftliche Umverteilung von oben nach unten darin nicht angelegt. Die konsumfördernde Wirkung beruht auf anderen Hebeln.

Es wurde oben gezeigt, daß selbst der normale Kredit-Mechanismus – sofern das Geld in erster Linie konsum-

tivem Kaufkrafttransfer und nicht tatsächlich produktionserweiternden Investitionen dient – zu einer immer größeren Kluft zwischen realwirtschaftlichem Wachstum und virtuellem Vermögenszuwachs führt. Die Logik des Sekundärhandels mit Finanzpapieren verstärkt diese Divergenz um ein Vielfaches. Da jeder Kontrakt, der ein Papier teurer kauft als der ihm vorangehende, das Vermögen aller übrigen Inhaber gleichartiger Papiere, die an dem konkreten Geschäft überhaupt nicht beteiligt sind, mit erhöht, koppelt sich die Steigerung der Vermögenswerte gänzlich vom laufenden Einkommen ab. Sie kann unter solchen Bedingungen die realwirtschaftliche Entwicklung extrem weit überflügeln und wird dies bei einer aufwärtsgerichteten Dynamik der Kurse auch tun. Zumal die Hebelwirkung kreditfinanzierter Käufe diese Dynamik zusätzlich beschleunigt.
Dieser Mechanismus bewirkte in den USA der neunziger Jahre, daß das obere Fünftel der Bevölkerung neben rasanten Einkommenszuwächsen eine diese noch weit übertreffende explosive Steigerung ihrer Vermögenswerte erlebte. Beides im Verbund vermittelte das wohlige Gefühl unbegrenzten Reichtums, das in einem exzessiven Luxusrausch ausgelebt wurde. Sämtliche Güter, die dem sogenannten gehobenen Lebensstandard zuzurechnen sind, verbuchten Absatzsprünge bei zugleich steigenden Preisen. Noble Karossen wurden den Autohändlern förmlich aus der Hand gerissen, sündhaft teure Boutiquen und Restaurants boomten. 1998 und 1999 verdreifachte sich die Zahl der Häuser, die zum Preis von einer Millionen Dollar und mehr einen Käufer fanden.
Allerdings, so ausschweifend der Luxus der „oberen Zehntausend“ und so offen die Zurschaustellung von Reichtum auch betrieben wurde, das allein hätte nicht genügt, den Wegbruch an Kaufkraft unten zu kompensieren. Wesentlich war, daß sich auch viele Familien der Mittelklasse durch die scheinbar steigende Werthaltigkeit ihrer Aktien und ihrer Alterssicherung reicher fühlten, als sie waren, und den eigenen Konsum ebenfalls ausweite-

ten. Der Aktienmechanismus stellte ihnen insofern zwar nicht zusätzliche Kaufkraft zur Verfügung. Aber er bewirkte, daß das vorhandene Einkommen bedenkenloser verkonsumiert wurde, was volkswirtschaftlich die gleiche Wirkung hatte.
Zudem eröffneten steigende Kurse auch eine direkte Möglichkeit, den Zugriff auf Sozialprodukt über das eigene Einkommen hinaus auszuweiten: indem die auf Grundlage vorhandener Aktien erworbenen Kredite nicht zum Kauf neuer Aktien, sondern zum Konsum verwandt wurden. Private Verschuldung gehörte zu den entscheidenden Antriebskräften der amerikanischen Konjunktur und zum Haupthebel des innergesellschaftlichen Kaufkrafttransfers in diesem Modell. In der zweiten Hälfte der neunziger Jahre nahmen die Privatschulden der amerikanischen Haushalte mit einer jährlichen Rate von 10 Prozent zu und erreichten 1999 einen Wert von 103% der Einkommen. Aber auch dieser Mechanismus transferiert Kaufkraft vom Gläubiger zum Schuldner nur so lange, bis die Kreditaufnahme Zinsen und Tilgungen übersteigt. Heute beansprucht der Schuldendienst durchschnittlich 14% der verfügbaren Einkommen amerikanischer Haushalte und dürfte damit zusätzlich verbrauchsdämpfend wirken. Die Zahl Menschen, die vor dem Konkursrichter einen Offenbarungseid leisten müssen, erreicht seit Ende der Neunziger jedes Jahr neue Rekorde.

Luftbuchungen als Wachstumsmotor

Was den amerikanischen Boom getragen hat, war also zum einen der exzessive Luxuskonsum der Reichsten und die zu einem großen Teil schuldenfinanzierte Konsumsteigerung der Mittelschichten. Das ist aber nur die eine Seite. In den hohen Wachstumsraten schlug sich zu einem erheblichen Teil auch eine rein virtuelle Wertschöpfung nieder, die die übliche Statistik nicht von der Bereitstellung realer Güter und Dienste unterscheiden kann.

Diese virtuelle Wertschöpfung ging über die im vorangegangenen Kapitel beschriebene, aus dem einfachen Kreditmechanismus bei konsumtiver Kreditverwendung folgende weit hinaus. Die Beziehung zwischen Unternehmensgewinnen und Aktienkursen beispielsweise schließt – neben den geschilderten Zusammenhängen – eine weitere Rückkopplung ein: Nicht nur treiben steigende Gewinne direkt und indirekt die Kurse. Steigende Kurse erhöhen umgekehrt auch die Gewinne, jenen Gewinnteil nämlich, der sich aus dem Finanzgeschäft des jeweiligen Konzerns ergibt. Dieser virtuelle Gewinn wiederum fließt, wie der aus dem Betriebsergebnis, zu einem erheblichen Teil auf den Finanzmarkt zurück. Erneuter Kursauftrieb ist die Folge. Bei Banken ist die Rückkopplungsschleife noch kürzer. Der Gewinn entstammt hier zum wesentlichen Teil ganz direkt der Hausse, nämlich sofern er durch Kreditierung von Aktiengeschäften und Emissionsvermittlung erzielt wird. Er wird um so höher sein, je besser die Kursentwicklung. Und je üppiger der Gewinn, desto größer die erneut anlagefähige Liquidität.

Hinzu kommt ein weiterer Mechanismus: Solange jede Emission auf gierige Nachfrage trifft, reale Investitionen aber nur im Rahmen des tatsächlich steigenden Verbrauchs ökonomischen Sinn besitzen, wächst der Anreiz, völlig irreale Unternehmen ohne fundierte Geschäftsidee und Perspektive auf den Markt zu bringen. Anstelle mancher Dotcom-Firma hätte man ebensogut Nießbrauchsrechte an den Mülldeponien der Erde oder Anteile an den Wasserreservoiren des Mars verkaufen können. Der Wert solcher Papiere und der volkswirtschaftliche Effekt wären der gleiche gewesen. Solange Brokerhäuser und Banken allerdings Anleger finden, die bereit sind, ihr Geld für derartige Papiere zu verschleudern – und sich oft genug darum reißen, dies als erste zu tun –, schlägt dieser aberwitzige Vorgang als volkswirtschaftliche Wertschöpfung zu Buche.

Wenn also möglichst viele Leute möglichst hohe Teile ihres Einkommens statt für den Kauf von Gütern und

Diensten für derartige Transaktionen verausgaben, ergibt das statistisch ein *inflationsfreies* Wachstum in eindrucksvollen Raten und ein Erfolgsmodell, das dem Rest der Welt als Vorbild verkauft werden kann. Auch die Entlohnung von Mitarbeitern durch Aktienoptionen, wie sie im Zuge der Hausse bei amerikanischen Unternehmen immer beliebter wurde, schafft solche hausseabhängigen irrealen Bezüge. Ein wesentlicher Teil dessen, was zehn Jahre lang als US-Wirtschaftsboom gefeiert wurde, läßt sich also tatsächlich auf reine Luftbuchungen zurückführen.

Theoretisch kann ein solches System lange funktionieren. Einzige Bedingung ist, daß diese virtuellen Einkommen – per saldo – nicht auf die Märkte für Güter und Dienste zurückgelenkt werden. Denn in dem Augenblick würde die Inflation meßbar werden, und der Wachstumstrend hätte sich auch statistisch erledigt. Solange dagegen der Saldo des Geldstroms in die Vermögenstitel positiv bleibt und deren Wert mit Hebelwirkung immer weiter nach oben treibt, *scheint* die Wirtschaft inflationsfrei zu boomen, und Prozesse, die sich eigentlich nur in Bank- und Börsencomputern abspielen, sind statistisch von einer Zunahme produzierter Spielzeugpuppen, Damenstrumpfhosen und Kinofilme nicht zu unterscheiden.

Der amerikanische Boom beruhte also auf zweierlei: zum einen auf gigantischen Luftbuchungen in den Börsencomputern, zum anderen auf Luxuskonsum sowie einer exzessiven Privatverschuldung, die reale Einkommensverluste unten zum Teil ausglich und die mäßigen Einkommenszuwächse der Mittelschichten so verstärkte, daß der private Verbrauch insgesamt wuchs. Da dieses Wachstum jedoch in erster Linie Güter des gehobenen Bedarfs und weniger solche der allgemeinen Lebenshaltung betraf, die Kaufkraft der großen Masse von Billig-Job-Holdern vielmehr während des gesamten „Booms“ stagnierte, blieben meßbare Inflationstendenzen aus.

So wie sich die beiden genannten Prozesse – die Aktienhausse und die Privatverschuldung – in positiver Rückkopplung nach oben schaukelten, haben sie allerdings –

in sich und erst recht in ihrem Zusammenspiel – die Möglichkeit eines kumulativen Absturzes einprogrammiert. Die Dynamik ist bekannt: Sinkende Kurse führen zum Verfall der Sicherungsbasis und damit zu Zwangsliquidierungen, die die Kurse weiter drücken. Eine schwindende Vermögensbasis führt zu Ausgabeneinschränkungen und reduziertem Konsum; dies zumal in einer Wirtschaft, in der fast jeder zweite Haushalt über Aktien verfügt und ein Teil der Rentnergeneration die Aktienkursentwicklung ganz real in veränderten Bezügen spürt. Konsumentenkredite sind unter solchen Bedingungen auch nicht mehr so leicht zu haben. An die Stelle des konsumfördernden Kaufkrafttransfers von Vermögenden zu Geringerverdienern tritt mit Zins und Tilgung die gegenteilige Übertragung. Konsumeinbrüche verschlechtern die Gewinnerwartungen der Unternehmen; dies drückt die Kurse weiter. Hinzu kommt ein mit den Kursturbulenzen mehr und mehr austrocknender Markt für Investitionsfinanzierungen, was speziell kleinere und mittlere Unternehmen trifft. Hohe Zinsspreads steigern die Konkursanfälligkeit und diese wiederum die Zinsspreads. Entlassungswellen drücken die Massenkaufkraft weiter nach unten. Kurz: Eine Wirkung verstärkt die nächste und wirkt auf ihre eigene Voraussetzung kumulierend zurück. Ein aberwitziger Mechanismus.
Das heißt nicht, daß es in den USA in jedem Falle zum totalen Absturz kommen muß. Bei der Vielfalt und Komplexität der in dieses System eingebauten Rückkopplungen kann es durchaus sein, daß die kumulative Dynamik sich eher fängt und tendenziell wieder nach oben zeigt. Aber auch dieses „Oben" wird schwerlich mehr sein als eine neue Kette von Luftbuchungen. Realwirtschaftlich gehen mit diesen wachsende Armut und soziale Unsicherheit einher. 1999, auf dem Gipfel des Booms, lebte laut Frankfurter Allgemeiner Zeitung jeder fünfte Amerikaner in einem Haushalt, der Mühe hatte, ausreichend für seine Grundbedürfnisse zu sorgen[44]. Weil das Geld

---

[44] FAZ 15.9.99

nicht reicht, sind vor allem ältere Menschen – aber nicht nur diese – gezwungen, zwischen Medikamenten und Lebensmitteln zu wählen. Mehr als ein Viertel aller amerikanischen Kinder wächst in krasser Armut auf. 31 Millionen Amerikaner waren nach Angaben des US-Landwirtschaftsministeriums 1999 zeitweilig hungrig oder mußten um die nächste Mahlzeit bangen. Ein wahres Erfolgsmodell!

Mythos New Economy

Pünktlich zum gefeierten Millenniumsauftakt hatte die Hoffnung auf eine technologische Lösung aller gesellschaftlichen Probleme ein neues Objekt gefunden: die New Economy. Die Euphorie kannte keine Grenzen. Alle Übel dieser Welt – Arbeitslosigkeit, Armut, sinnentleerte Arbeit, marktdominierende Mammutkonzerne – alle, hieß es, seien überwindbar, wenn nur der Internet-Revolution freie Bahn geschaffen und die Entfaltung der neuen wirtschaftlichen Potentiale durch entsprechende Reformen abgesichert werde. Denn New Economy verlange Flexibilität, Kreativität, Freiheit, Abbau von Regulierung. Als Lohn verheiße sie eine gewaltige Steigerung von Produktivität und Wohlstand, biete rührigen Existenzgründern kometengleiche Aufstiegschancen, läute das Ende zentralistischer Unternehmenshierarchien ein und fordere den selbständigen, schöpferischen, motivierten Mitarbeiter.

Dotcom-Flop oder neues Zeitalter?

Tatsächlich startete die neue Branche eindrucksvoll. Junge Unternehmen schossen wie Pilze aus dem Boden, und die Anleger überhäuften sie mit Geld. Am 1. Juli 1999 wurde der Nemax-50-Index für die Neue-Markt-Aktien eingeführt. Bis zum 7. März 2000 hatte sich der Zählerstand von 4400 auf über 9000 Punkte mehr als verdoppelt. Einzelne Titel erreichten innerhalb von Wochen Zugewinne von über 1000 Prozent. Aus Unternehmensgründern wurden über Nacht Business-Stars und Multimillionäre. Manche Internet-Firma mit weniger als hundert Mitarbeitern und tiefroten Zahlen erreichte Börsenwerte, die ihr die Übernahme großer Konzerne mit Hunderttausenden Beschäftigten und Milliardengewinnen ermöglicht hätten.

Die Freude der Kapitalgeber an der neuen Branche freilich fand im März 2000 ein jähes Endes. In den darauf-

folgenden Monaten stürzen die meisten Titel in ähnlichem Tempo ab, in dem sie sich zuvor scheinbar unaufhaltsam nach oben bewegt hatten. Wer das Ungeschick begangen hatte, auf dem Gipfel der Notierungen Neue-Markt-Aktien zu kaufen – gleich, ob in den USA oder in Europa –, verlor im Laufe des Jahres 2000 bis zu 80 Prozent seines Einsatzes. Mancher sieht von seinem Geld gar nichts wieder, denn erste Konkurse einst hochgelobter Start-ups sind angemeldet.
Primär betrifft der Niedergang freilich nur die Kapitalmärkte. Die völlig irrationale Überbewertung vieler Titel wird abgebaut. Die realökonomischen Erwartungen an die New Economy blühen weiter. So etwa im letztjährigen Jahresgutachten des deutschen „Sachverständigenrates“, das dem Phänomen einen eigenen Abschnitt widmet. Dort heißt es: „Mit der Neuen Ökonomie verbinden sich die Hoffnungen und Erwartungen, daß der Wachstumspfad des Produktionspotentials als Folge permanent gestiegener Zuwachsraten der Produktivität dauerhaft höher liegen kann. Hierfür sorgen zum einen der technische Fortschritt im Bereich der Informations- und Kommunikationstechnologien (IuK-Technologien), zum anderen die Anwendung dieser neuen Technologien als Querschnittstechnologien in nahezu allen Bereichen der Wirtschafts- und Arbeitswelt. Zusätzliche Wachstumspotentiale entstehen, wenn über eine Verringerung der Transaktionskosten und der Markteintrittsbarrieren der globale Wettbewerb gefördert sowie der Aufbau von Netzwerken ermöglicht werden kann. Wenn diese Potentiale ausgeschöpft werden, dann kann es zu einem nachhaltigen Anstieg der Beschäftigung kommen. Die gesamtwirtschaftlichen Wirkungen lassen sich gegenwärtig am Beispiel der Vereinigten Staaten veranschaulichen.“[45]
Aus den USA freilich dringen bezüglich der neuen Technologien bereits düstere Warnungen: Netze würden künftig die Märkte verdrängen und Dienstleistungen Pro-

---

[45] FAZ 16.11.00

dukte ersetzen; Angebot und Nachfrage verschwänden, Eigentum und Kapital würden obsolet. Die Welt versinke in Hast, Sinnleere und Kulturlosigkeit. Endzeitstimmung wird gepflegt, nicht nur bei Jeremy Rifkin.
Konträrer können Einschätzungen kaum sein. Die einen erwarten einen Wohlstandsschub, die anderen Unheil und Verfall. Was ist New Economy? Worin liegt das Wesen jenes seltsamen ökonomisch-technologischen Phänomens, das zu derart unterschiedlichen Erwartungen Anlaß gibt?
Trotz inflationärer Verwendung des Begriffs, gibt es keine allgemein akzeptierte Definition. Übereinstimmung besteht darin, daß sich New Economy auf die eine oder andere Weise um das digitale World Wide Web gruppiert. Das Internet ermöglicht Information und Kommunikation auf völlig neuartige Weise. Es erlaubt, mit niedrigsten Transaktionskosten und in kürzester Zeit enorme Datenmengen quer über den Globus zu senden. Via Netz etwa kann ein Anbieter aus Singapur einen Interessenten für eine spezielle Gebrauchtmaschine in Südafrika finden, Tausende Anbieter können auf branchenspezifischen Verkaufsplattformen ihre Produkte für den globalen Markt feilbieten, Preisvergleiche und Markttransparenz sind in bisher unbekannter Dimension möglich, neuartige Preisbildungsverfahren im Rahmen globaler Auktionen werden bereits getestet, das Netz eignet sich zum Vertrieb und zum Aufbau internationaler Kundenkontakte.
Zur New Economy werden normalerweise einerseits jene Firmen gerechnet, die Software zur Abwicklung computerisierter Abläufe – speziell für jenes weite Feld der Internet-Transaktionen – erstellen; andererseits werden unter diesen Begriff Unternehmen gefaßt, die selbst Güter und Dienste über das globale Netz anbieten.

Digitalisierung der Wirtschaft?

Welche Auswirkungen hat das Internet auf reale Wirtschaftsprozesse? Es ermöglicht beispielsweise, daß ein

Kunde direkt mit dem entsprechenden Anbieter in Kontakt tritt, die gewünschte Leistung ordert und digital bezahlt. Dem Unternehmen eröffnet dies enorme Sparpotentiale. Die einmalige Investition in die entsprechende Software ersetzt ganze Verkaufsabteilungen, die bisher für Absatz und Kundenbetreuung zuständig waren. Unzählige Arbeitsplätze werden überflüssig, die Renditen schnellen nach oben. Insofern war es kein Wunder, daß im führenden Management anfänglich die Hoffnung keimte, mehr und mehr ökonomische Transaktionen – und irgendwann vielleicht alle – ließen sich in die wunderbar kostensparende Welt der Netze verlegen. In dieser Stimmung wurden auch jene ökonomischen Denkschulen geboren, die eine Virtualisierung der gesamten Volkswirtschaft prophezeiten.
In der Realität freilich sind mit der digitalen Natur des Internet nicht nur seine Vorzüge verbunden, sondern auch seine Grenzen gesetzt. Via Netz lassen sich ausschließlich Datenströme versenden. Insofern geht vom Internet zwar ein Trend zur Entmaterialisierung ökonomischer Leistungen aus. Dies gilt aber eben nur für Leistungen, die sich tatsächlich digitalisieren *lassen*. Es handelt sich dabei um einen relativ begrenzten Bereich des Wirtschaftslebens, und nur in diesem revolutioniert das Netz die Leistungserstellung selbst.
Unmittelbar über Netz läßt sich natürlich alles abwickeln, was mit individueller Kommunikation zu tun hat. Ob Email, SMS oder Telefonat: das World Wide Web erlaubt schnellste globale Verständigung. Die neue Mobilfunkgeneration wird traditionelle Funkverbindungen und Internet zusammenführen. Möglicherweise werden die alten Festnetze irgendwann obsolet. Ein anderer Bereich, der sich weitgehend digitalisieren läßt, sind Banktransaktionen aller Art: Zahlungen, Überweisungen, Abfrage von Kontoständen, Devisen- und Aktienhandel in kleiner und großer Dimension. Direktbanking der Kunden wiederum erlaubt den Geldhäusern eine deutliche Reduzierung von Filialen und Mitarbeitern. Auch hier ersetzt die einmalige Software-Investition dauerhafte

Lohnkosten in Millionenhöhe. Das Ursprungskonzept mancher Bank freilich, die Beratungskapazitäten auf nahe Null zu reduzieren, hat sich inzwischen als nicht opportun erwiesen. Insbesondere beim Umwerben reicher Privatkunden und zum Akquirieren größerer Geldanlagen können Angebote im Netz das persönliche Gespräch offensichtlich nicht ersetzen. Dauerhafte Kundenbindung und breite Marktpräsenz werden auch in Zukunft nur solche Banken erreichen, die sich neben perfektionierter Internet-Präsenz eine hinreichende Zahl an Filialen und persönlichen Ansprechmöglichkeiten leisten. Aber immerhin: Zur Abwicklung des Massengeschäfts taugen die virtuellen Netze; und die Zahl an Bankangestellten wird sich infolge dieser Entwicklung in den nächsten Jahren spürbar reduzieren.

Andere Internet-Wachstumsmärkte sind das Vertreiben von Musik und Videos oder die Reisebranche. Ein Konzert läßt sich ebenso problemlos digital aufzeichnen wie der Anspruch auf einen Flug von A nach B; Gleiches gilt für die Buchung von Hotels oder ganzen Urlaubsreisen. Folgerichtig sind virtuelle Reisebüros in großer Zahl entstanden. Allerdings zeigen sich auch hier bereits Grenzen: Wenn ein virtueller Anbieter nach Abfrage eines bestimmten Reiseprofils per Mausklick Tausende Angebote offeriert, wird der Normalkunde genervt abschalten und möglicherweise doch lieber die Neckermann-Filiale drei Straßen weiter aufsuchen. Die anfängliche Befürchtung, daß das virtuelle Reiseangebot die Anbieter der realen Welt ihrer Existenzgrundlage berauben würde, hat sich weitgehend verflüchtigt. Ein Teil des Reisemarktes läßt sich schnell und kostengünstig per Internet abwickeln; viele andere Bereiche bleiben nach wie vor von individueller Beratung und persönlichem Verkauf abhängig.

Was für digitalisierbare Produkte zutrifft, gilt erst recht für die nicht digitalisierbaren, die die übergroße Mehrheit der von Menschen nachgefragten Bedarfsartikel ausmachen. Die revolutionärste Internet-Technologie und perfekteste Software wird nicht dazu führen, daß Datenströme Menschen satt machen, sie kleiden oder ihre Wohnungen verschönern. Was das Internet in solchen Bereichen vermag, ist nicht mehr als die Präsentation der Produkte und die Organisation des Versands. Seine Rolle geht insofern kaum über die der bisherigen papiernen Bestellkataloge hinaus. Es unterscheidet sich von ihnen lediglich durch die Möglichkeit zur stetigen Aktualisierung und durch seine immense Datenkapazität. Aber sowenig die alten Versandhaus-Kataloge reale Warenhäuser verdrängt haben, sowenig wird es das Internet tun. Bisher hat sich im Internet ein einziges Unternehmen zum Versand nichtdigitaler Produkte mehr oder weniger etablieren können. Dieses Unternehmen ist Amazon.com, das Bücher vertreibt und nach wie vor rote Zahlen schreibt.

Ein für die Zukunft interessanteres Feld internetvermittelter Beziehungen zwischen Kunde und Unternehmen stellt die individuelle Massenproduktion dar. Hier fungiert das Internet nicht mehr nur als Informationsmedium, das abrufbare Güter präsentiert. Das Neue ist vielmehr, daß der Kunde das Produkt seinen Wünschen gemäß am Bildschirm zusammenstellt und in dieser konkreten Form ordert. Erst nach der Bestellung wird produziert und ausgeliefert. Erste Ansätze dafür existieren bereits im Automobilsektor. Vorteil für die Unternehmen sind wiederum erhebliche Kosteneinsparungen. Marktforschung wird mehr oder weniger überflüssig, die Lagerhaltung reduziert sich auf nahe Null, und Rückläufe nicht verkaufter Produkte erübrigen sich. Nach ersten Berechnungen könnten die Kosten je verkauftes Auto um bis zu 15 000 Dollar fallen, wenn die Kunden dieses maßgeschneidert zusammenstellen und dadurch erst den Produktionsauftrag auslösen. Prinzipiell ließe sich dieses Modell auf viele langlebige Gebrauchsgüter übertragen.

Der volkswirtschaftlich positive Effekt wäre die Minimierung jener Ressourcen- und Arbeitskraftverschwendung, die mit der Produktion letztlich unverkäuflicher Güter einhergeht. Zweitens ließe sich dadurch die alte, unerfreuliche Alternative zwischen uniformer, billiger Massenware und individuell zugeschnittenen Qualitätsgütern, die jedoch für die meisten Menschen unerschwinglich sind, überwinden.

Produktivitätsimpuls Internet

Vielleicht noch wesentlicher als für den Kontakt zwischen Unternehmen und Kunden ist die Rolle des Internet im Hinblick auf die Abwicklung zwischenbetrieblicher Transaktionen. Vor allem große Unternehmen sind in den letzten Jahren dazu übergangen, einen Teil ihres Einkaufs auf sogenannte elektronische Marktplätze zu verlegen. Der Vorteil ist ein mehrfacher. Zum einen können durch Digitalisierung und Standardisierung der Bestellvorgänge die Prozeßkosten um bis zu 80% gesenkt werden. Ein wesentlicher Teil der Einkaufsabteilungen wird überflüssig. Zum anderen ermöglicht das Internet dem Käufer globale Preisvergleiche, da das Angebot aller Wettbewerber auf engstem Raum zusammenrückt. Für die Anbieter wiederum eröffnet sich ein internationaler Markt mit wachsenden Absatzchancen, zumindest für die stärksten und billigsten unter ihnen. Der Vorteil großer Konzerne bei der Etablierung gemeinsamer Einkaufsplattformen besteht in der Konzentration von Nachfrage, die die Zulieferpreise noch stärker unter Druck setzt, als die betreffenden Unternehmen es einzeln bereits können. Nach FAZ-Prognosen kann diese „Bündelung von Einkaufsmacht“ die Preise für Vorleistungsgüter um bis zu 15% senken.[46]

Es wird erwartet, daß bis 2004 rund 17% des gesamten zwischenbetrieblichen Handels im Internet abgewickelt wird: 8% bilateral und 9% über elektronische Marktplätze. Allein im Jahr 2000 ist die Zahl digitaler Business-to-Business-Plattformen von 232 auf 1100 angestiegen. IBM etwa betreibt einen eigenen Internet-Marktplatz, über den es seinen Einkauf bei 12 000 Lieferanten in 24 Ländern organisiert. 1999 hat der Konzern

---

[46] FAZ 2.3.00

darüber Beschaffungsaufträge in Höhe von 13 Mrd. Dollar vergeben. Die jährliche Ersparnis aufgrund niedrigerer Einkaufspreise betrug 250 Mio. Dollar. Noch höher fallen die Spareffekte aufgrund schnellerer Logistikprozesse aus.

Im Februar 2000 gründeten die drei Automobilriesen Daimler-Chrysler, Ford und General Motors ein gemeinsames Unternehmen zur Abwicklung ihres Einkaufs im World Wide Web. Nach Untersuchungen der Investmentbank Goldman Sachs können dadurch Kosteneinsparungen von 1065 Dollar je Auto erreicht werden. Die BASF kaufte auf ihrem Marktplatz im Februar 2000 insgesamt 2000 Tonnen Methanol im Auktionsverfahren unter sieben Anbietern ein. Der Einspareffekt dieser bis dahin größten über Internet ausgeführten Transaktion lag bei rund 36 000 DM. Im Oktober 2000 entstand mit dem von Bayer, Infraserv, Höchst und Deutsche Telekom gegründeten Beschaffungsmarkt Chemplorer eine hochkonzentrierte Internet-Plattform im Bereich Chemie. Bereits zum Start waren hier mehr als 200 000 Artikel von über 1000 Herstellern verfügbar. Mitte 2001 soll das Sortiment eine Million Artikel umfassen, die von rund 2000 Herstellern stammen.

Worin liegen die konkreten ökonomischen Auswirkungen dieser Entwicklung? In jedem Falle nicht darin, daß Produktion künftig durch Information ersetzt wird. Die zum Teil als Verheißung, zum Teil mit Grausen prophezeite Perspektive einer Virtualisierung des gesamten Wirtschaftslebens ist absurd. Die schnelle und an keine regionalen Grenzen gebundene Information und Kommunikation im Netz ermöglicht lediglich, daß Produktion und Bereitstellung bestimmter Güter und Leistungen künftig mit wesentlich geringerem Arbeitseinsatz möglich sein wird.

Dies betrifft vor allem Arbeitsaufwendungen, die bisher zur Abwicklung von Transaktionen zwischen Unternehmen, zur Organisierung und Abstimmung von Kauf und Verkauf, nötig waren. Das digitale Medium führt zu einem bisher unbekannten Grad der Standardisierung von

Vorprodukten und Bestellprozessen und macht dadurch umfassende Automatisierung möglich. Lieferanten können dank Internet unmittelbar in den Produktionsprozeß eingebunden werden. Die Lagerkosten bei den nachfragenden Großunternehmen sinken, Marktrisiken werden abgewälzt. Der Direktkontakt zum Kunden ermöglicht eine teilweise Umgehung des Handels und eine Verringerung der Vertriebskosten auch für Endprodukte. Die Gestaltung der Produktion nach individuellen Bestellungen wird möglich. Bei digitalisierbaren Produkten sinkt der Arbeitsaufwand für die Leistungsbereitstellung selbst. Aus all diesen Gründen schlummern im Internet enorme produktivitätssteigernde Potentiale.

„Natürliche Monopole"

Einen expandierenden autonomen Wachstumsmarkt eröffnet das Internet für die Produzenten von Informationsgütern. Ob Business-to-Business-Marktplätze, Interbankenhandel mit Devisen und Geldmarktpapieren oder ein schlichter virtueller Reiseanbieter – sie alle brauchen zur Abwicklung der digitalen Transaktionen spezifische Software-Programme. Firmen, die solche Programme erstellen, sind meist in erster Linie gemeint, wenn von New Economy die Rede ist. Die Nachfrage nach solchen Produkten und die Zahl der Anbieter ist im letzten Jahrfünft erheblich gewachsen.
Auch die Informationsgüterbranche setzt freilich nicht alle tradierten ökonomischen Kategorien außer Kraft. Dennoch gelten in ihr spezifische Gesetze. Das Phänomen von Skalenerträgen etwa, d.h. sinkender Stückkosten bei steigenden Umsatzzahlen, ist lange aus der Old Economy bekannt. Bei Software-Produkten jedoch differieren Umsatz- und Stückkostenentwicklung viel extremer: Im Normalfall verursacht ein Informationsgut (etwa ein bestimmtes digitales Programm) überhaupt nur bei Erstellung der ersten Einheit relevante – meist sehr hohe – Kosten. Jede weitere Einheit kostet fast nichts mehr. Die Hersteller von Informationsgütern können daher nur

überleben, wenn sie hinreichend hohe Absatzzahlen erreichen. Je größer der Umsatz, desto höher der Gewinn. Umgekehrt hängt die Nachfrage nicht nur von Preis und Qualität eines bestimmten Produkts ab, sondern wesentlich auch davon, wie viele Kunden es bereits nutzen. Es handelt sich um den bekannten Netzwerkeffekt: Je größer die Teilnehmerzahl, desto attraktiver ein Netz. Bei stark standardisierten Abläufen verdrängt jenes Unternehmen, dem es gelingt, die Standards zu setzen und zu patentieren, letztlich alle anderen.
Daraus folgt die in der Informationsbranche übliche Strategie des „First to Market": das Wettrennen, als erster ein bestimmtes Produkt zu etablieren. Der Amazon.com-Unternehmer Jeff Bezos hat diese Strategie so umschrieben: „So viele Marktanteile wie möglich in so kurzer Zeit wie möglich gewinnen, um denen, die später kommen, keine Chance mehr zu geben." Um Erfolg zu haben, wird zunächst mit Preisen operiert, die weit unter den Kosten liegen; zum Teil werden Leistungen regelrecht verschenkt. Sind bestimmte Standards einmal etabliert und werden allgemein genutzt, befindet sich das anbietende Unternehmen faktisch in einer Monopolposition. Dann verändert sich natürlich auch die Preisgestaltung. Wettbewerb findet genaugenommen hier nicht mehr *auf* Märkten, sondern *um* Märkte statt. Das heißt aber: Die klassischen Mechanismen zum Ausgleich von Angebot und Nachfrage funktionieren in der Informationsgüterbranche prinzipiell nicht. Es gibt kaum Konkurrenz, die von Dauer wäre. Einer bekommt letztlich alles – und die übrigen gehen leer aus.
Das klassische Beispiel dafür – und das mehr oder weniger geheime Vorbild aller Möchtegern-Internet-Start-ups – ist Microsoft. Bill Gates' einstige Garagenfirma wurde zum größten Software-Unternehmen der Welt vor allem durch das Betriebssystem Windows, mit dem heute rund 90% aller Personalcomputer ausgestattet sind. Begonnen hat der Siegeszug 1980, als Gates den Computerhersteller IBM überzeugen konnte, alle neu entwickelten PC mit installiertem MS-DOS-Betriebssystem

zu verkaufen. Den DOS-Programmcode hatte Microsoft noch nicht einmal selbst entwickelt, sondern einem arglosen Programmierer für 50 000 Dollar abgekauft. Mit dem Erfolg der IBM-PCs wurde MS-DOS zu einer Art Industriestandard. Auf ähnliche Weise wurde später das Überbau-Programm Windows etabliert. Es ist unter Fachleuten kaum umstritten, daß es längst vorteilhaftere, fehlerärmere und komfortablere Textprogramme gibt. Aber welche Firma oder welches Individuum kann es sich leisten, mit einem Programm zu arbeiten, das mit über 90% der Computer nicht zu kommunizieren vermag.

Weit entfernt, Eigentumsrechte in der Wirtschaft obsolet zu machen, sorgt die neue Informationstechnologie dafür, daß Eigentum mehr denn je zur Quelle der Aneignung fremder Arbeit wird. Wem es gelingt, wesentliche Algorithmen für Software-Programme patentrechtlich schützen zu lassen, der kann mit diesem Eigentumsrecht nicht nur seinen eigenen Markt, sondern auch andere Software-Bereiche, für die dieselben Algorithmen bedeutsam sind, monopolisieren. Und horrende Gewinne daraus ziehen.

New Economy als Motor wirtschaftlicher Konzentration

Realitätsfern ist daher auch die Ansicht, das Internet und der wachsende Stellenwert von Informationsgütern eröffne ein neues Zeitalter agiler Kleinunternehmen und reanimiere den Wettbewerb. In Wahrheit bestärken die neuen Technologien den Trend zur Konzentration wirtschaftlicher Ressourcen in wenigen Händen. Der Gründerboom am Neuen Markt hat sich bereits nach zwei Jahren erschöpft. Die laufende Konsolidierungswelle werden nur wenige Unternehmen überleben, und diese beherrschen anschließend den Markt.

Auch findet längst ein Zusammenschluß von alter und neuer Ökonomie statt. Die Mammutkonzerne der tradierten Produktionsbranchen nutzen den Kursverfall, um jene Software-Anbieter und Internet-Firmen aufzukaufen, die als überlebensfähig und aussichtsreich gelten. (Ähnliches vollzieht sich übrigens auch in anderen Bereichen. Erfolgreiche Biotechnologie-Firmen etwa werden von Pharmakonzernen übernommen, die auf diese Weise ihre eigenen Entwicklungskosten reduzieren und die risikoreiche Forschung anderen überlassen. Hat sich die Spreu vom Weizen getrennt, greifen sie zu.) Viele New-Economy-Neulinge wiederum waren von vornherein nichts anderes als Ausgründungen alter Konzerne: so Epcos und Infineon von Siemens, Freenet von Mobilcom, Bol von Bertelsmann oder T-Online von der Telekom. Verflechtung und Einfluß bestehen fort.

Auch im Bereich der Business-to-Business-Plattformen wird eine erhebliche Konzentration erwartet. Obschon bereits in wenigen Jahren der überwiegende Teil des Handels über digitale Beschaffungsmärkte abgewickelt werden dürfte, werden – nach einer Prognose des „Handelsblatts" – maximal 10% bis 20% der derzeitig vorhandenen Plattformen überleben. „Gute Voraussetzungen in dem dadurch entstehenden Verdrängungswettbewerb haben", nach Ansicht dieser Zeitung, „vor allem die großen Firmen der Old Economy, die auf nationaler und internationaler Ebene Standards festlegen könnten."[47] Viele junge Internet-Firmen dagegen konnten sich im B2B-Markt keine Position aufbauen. Wer nicht das notwendige Handelsvolumen auf sich zieht, wird bald verdrängt. Die „Frankfurter Allgemeine Zeitung" prophezeit sogar, daß am Ende nur *ein* großer vertikaler Marktplatz für jede Branche übrigbleiben wird; diese Marktplätze werden dann über wenige branchenübergreifende (horizontale) Marktplätze miteinander verbunden sein: „Angesichts der wachsenden Investitionsdynamik der Unternehmen der Old Economy erwarten nicht wenige Marktbeobachter, daß die Vertreter der ‚New Economy' in diesem Segment relativ schnell wieder aus dem Markt

---

[47] Handelsblatt 7.5.01

gedrängt werden."[48] Denn: „Erst aus der Kombination von Know-how aus der Old Economy mit den Raffinessen der elektronischen Systeme werden die wettbewerbsfähigen Lösungen der Zukunft geschaffen."[49]
Der Traum vom neuen Software-Mittelstand dürfte bald ausgeträumt sein. Statt erweitertem Wettbewerb initiiert das World Wide Web eine neue Konzentrationswelle auf allen Ebenen. Zum einen bei den Produzenten von Informationsgütern selbst, von denen nur wenige standardsetzende und damit marktbeherrschende Anbieter übrigbleiben werden. Zum anderen in der Old Economy, weil nur große Unternehmen sich teure Software-Produkte leisten können. Im Finanzsektor etwa ist das Internet-Banking in erster Linie eine strategische Waffe der Großbanken gegen kleinere Kreditinstitute, für die die nötigen Softwareprogramme unerschwinglich sind. Zunehmend werden sich zudem Konzerne der Old Economy mit den Herstellern der für sie relevanten Informationstechnologie verbinden. Drittens ermöglicht das neue Medium über die digitalen Marktplätze eine Bündelung von Nachfragemacht bisher ungekannten Ausmaßes. Darüber haben wir bereits gesprochen. Viele Industriezulieferer werden sich neuen mächtigen Einkaufskoalitionen gegenübersehen, die sie gegeneinander ausspielen und im Auktionsverfahren die Preise drücken. In der Konsequenz haben auch im Zulieferbereich künftig nur die global Fittesten Überlebenschancen. Weitere Konzentration wird auch hier die Folge sein.
Verkleinerung von Unternehmenseinheiten findet allenfalls im Rahmen des sogenannten Outsourcing statt, wenn Konzerne bisherige Unternehmensteile zwecks Umgehung von Tarifverträgen und Abwälzung von Risiken in selbständige wirtschaftliche Einheiten verwandeln. Dies hat freilich mit einer Revitalisierung des Mittelstands so wenig zu tun wie prosperierende Scheinselb-

---

[48] FAZ 18.5.00
[49] FAZ 2.10.00

ständigkeit mit einer neugewonnenen Freiheit ehemaliger Arbeitnehmer.

Verschärfte Ausbeutung statt neuer Kreativität

Damit sind wir bei einer weiteren Legende der New Economy, welche die durch sie hervorgerufenen Veränderungen der Arbeitswelt betrifft. Mit den neuen Technologien, heißt es, rücke Informationsarbeit ins Zentrum des Arbeitsalltags. Informationsarbeit aber verlange Selbständigkeit und Kreativität. Mitarbeiter würden Partner, sie brauchten unternehmerische Freiheit. Ausbeutung und Entmündigung würden dadurch unmöglich. Der Mensch erhalte endlich seine verlorenen Freiheiten zurück.

Wie die neue Kreativität in der Realität aussieht, zeigt unter anderem das Beispiel Microsoft: Das Unternehmen läßt seit Jahren Teams von Programmierern bei der Erstellung eines Produkts gegeneinander antreten. Das Team, das am schnellsten den entsprechenden Abschnitt abschließt, bekommt eine finanzielle Auszeichnung; die übrigen gehen leer aus und können sich ihrer Weiterbeschäftigung nicht sicher sein. Dieses Verfahren ist in vielen Software-Firmen üblich. Den Erfolgreichen winkt schneller Reichtum, den Verlierern der Absturz ins soziale Aus; alle leben in Ungewißheit und Unsicherheit. Bei vielen Firmen droht zudem jederzeit eine Übernahme oder die Schließung des Unternehmens. In ständig wechselnden Teams kann und soll sich kein sozialer Zusammenhalt entwickeln. Konkurrenz und Kämpfe gegeneinander machen eine gewerkschaftliche Organisation der Beschäftigten fast unmöglich.

Dieses Arbeitsmodell wird inzwischen auch auf andere Bereiche übertragen. Projektbezogene statt zeitabhängiger Bezahlung steht hoch im Kurs und wird als Zugewinn an Souveränität für den Arbeitnehmer verkauft. In Wahrheit verbirgt sich dahinter meist eine schleichende Erhöhung der Arbeitszeit bei forciertem Leistungsdruck. Marktschwankungen werden dabei auf die Beschäftigten abgewälzt. Alles in allem bedeutet das Programm der Flexibilisierung einfach verschärfte Ausbeutung, ganz gleich, ob es in New oder Old Economy angewandt und unter welch honorigen Etiketten es immer verkauft wird.

Von den mit New Economy verbundenen Verheißungen ist also lediglich eine realistisch. Diese betrifft die Produktivitäts-Potentiale des Mediums Internet und der mit ihm verbundenen neuen Informationstechnologien. Im Griff marktbeherrschender Konzerne freilich wird die Erschließung dieser Potentiale in erster Linie massenhafte Arbeitsplatzvernichtung bewirken, vor allem im Bankwesen, im Handel und in den Einkaufsabteilungen der Unternehmen. Um eine an sich erfreuliche und wohlstandssteigernde Entwicklung tatsächlich in Wohlstandsgewinne für alle umzusetzen, bedarf es einer anderen wirtschaftlichen Ordnung.

Mythos Kapitalgedeckte Rente

„Wir sind angetreten, den Reformstau im Lande aufzulösen. Diesem Anspruch werden wir mit der Rentenreform gerecht. Sie macht die Renten zukunftsfest für die Älteren und bezahlbar für die Jüngeren." Vertrauen werde zurückgewonnen, das Rentenniveau gesichert, der demographischen Entwicklung Rechnung getragen – mit dieser großsprechenden Ankündigung ließ sich Arbeitsminister Riester in der Frankfurter Allgemeinen Zeitung[50] vernehmen. Junge Menschen könnten sich darauf verlassen, daß der Rentenbeitrag für mindestens 20 Jahre unter 20 Prozent bleibe. Zugleich werde sichergestellt, daß das Rentenniveau des sogenannten „Eckrentners" 67 Prozent nicht unterschreite. Staatliche Förderung gewährleiste, daß zusätzliche private Altersvorsorge künftig kein Privileg der Besserverdienenden mehr sei. Aus beiden Quellen gespeist – der umlagefinanzierten gesetzlichen und der kapitalgedeckten privaten –, werde die Rente künftiger Senioren deutlich über dem derzeitigen Niveau liegen.

Wundersame Märchenwelt! Alle zahlen weniger und bekommen am Ende mehr! Tatsächlich dürften selten so viele Lügen auf kaum 100 Quadratzentimeter Zeitungspapier Platz gefunden haben wie in diesem Riester-Artikel, der wortreich und demagogisch eines der bisher größten Sozialverbrechen der SPD-Grünen-Koalition schönzureden sucht: die Zerschlagung der gesetzlichen Rentenversicherung. Jenes Systems also, das Bismarck einst aus Sorge vor einer erstarkenden Sozialdemokratie eingeführt hatte und das in über hundertjährigen Kämpfen der Arbeiterbewegung ausgebaut und verbessert werden konnte.

---

[50] FAZ 25.4.01

Wahlbetrug und Statistik-Tricks

Zunächst zu den Fakten. Worum geht es in Riesters – als „Reform" allzu freundlich umschriebenem – Renten-Crash? Zunächst vor allem um eins: um Stabilität bzw. vorerst sogar Senkung der gesetzlichen Pflichtbeiträge. Bisher werden die Renten – wie alle anderen Sozialversicherungssysteme – paritätisch von Beschäftigten und Unternehmen finanziert. Der Beitragssatz liegt derzeit knapp unter 20 Prozent. Bei Fortschreibung des bisherigen Systems würde er bis 2030 auf gut 23 Prozent ansteigen. Die konkreten Zahlen schwanken je nach zugrunde gelegter Bevölkerungs- und Lohnquotenprognose. Riesters Reform soll gewährleisten, daß die Beiträge bis zum Jahr 2020 in jedem Fall unter 20 Prozent bleiben; bis 2030 und darüber hinaus soll der Beitragssatz bei maximal 22 Prozent gedeckelt werden. Unmittelbar scheinen davon Beschäftigte und Unternehmen gleichermaßen zu profitieren.
Da geringere Einnahmen freilich auch Einschränkungen bei den Ausgaben erzwingen, wird im Gegenzug das Niveau der gesetzlichen Rentenversicherung gesenkt. Das Rentenniveau eines „Standardrentners" mit 45 Beitragsjahren und durchschnittlichem Verdienst lag 1998, zum Zeitpunkt des Regierungswechsels, bei 70% der Nettolöhne. Es ist aufgrund der für zwei Jahre ausgesetzten Rentenanpassung inzwischen auf etwa 69% gesunken und soll im Zuge der Reform weiter auf 67% zurückgehen. Offiziell.
In Wahrheit beruhen die 67% auf einem plumpen statistischen Trick, der darin besteht, die Grundlage der Berechnung zu verändern. Bezugspunkt der Renten sind die Nettolöhne. Um den Anteil der Renten an den durchschnittlichen Nettoeinkommen höher erscheinen zu lassen, gehen letztere künftig nicht mehr in voller Höhe in die Rechnung ein. Beispielsweise werden Erhöhungen durch sinkende Einkommenssteuern generell abgezogen. Des weiteren wird der Aufwand für private Vorsorge, der für 2003 zunächst auf 0,5% festgesetzt wurde und,

jährlich ansteigend, im Jahr 2009 die vorgesehenen 4% erreichen soll, ebenfalls aus den Nettolöhnen herausgerechnet. Diese erscheinen also künstlich niedriger, und folgerichtig die Rentenprozente höher, als sie in Wirklichkeit sind. Nach heutigen Berechnungsmethoden dürften die Renten nach Riesters Reform maximal bei 64% der Nettolöhne liegen – eine Rentenkürzung, die den seinerzeit von der SPD heftig befehdeten Blümschen Plänen entspricht.
Zu Recht hatte die SPD noch in ihrem Wahlprogramm von 1998 gegen Blüms Absichten eingewandt: „Die Kürzung des Rentenniveaus würde viele Rentnerinnen und Rentner zu Sozialhilfeempfängern machen. Bei Frauenrenten von durchschnittlich 900 Mark im Monat wird dies besonders deutlich. So darf man mit Menschen, die ein Leben lag hart gearbeitet haben, nicht umgehen." Angekündigt wurde: „Die SPD-Bundesregierung wird die unsoziale Rentenpolitik unmittelbar nach der Bundestagswahl korrigieren."
Die SPD hatte freilich vergessen hinzuzufügen, in welche Richtung diese Korrektur gehen sollte. Denn Riesters ursprünglicher Plan, die Renten der Neurentner ab 2011 mittels eines sogenannten „Ausgleichsfaktors" um jährlich 0,3% zu kürzen, hätte eine noch drastischere Senkung zur Folge gehabt, als Blüm sie je plante; die Renten hätten dann nämlich 2030 bei maximal 61 Prozent gelegen. Erst heftige Gewerkschaftsproteste haben Riester gezwungen, von diesem Vorhaben Abstand zu nehmen und es durch eine neue Kürzungs-Formel zu ersetzen, die auf besagte 64 Prozent hinausläuft. Was im Ergebnis als großer Kompromiß gefeiert wurde, war also nicht mehr als Riesters Zurückrudern auf die Pläne seines CDU-Amtsvorgängers. Wahlbetrug ist für solchen Vorgang noch ein mildes Wort.
Das Hauptproblem ist aber, daß selbst jene 64-Prozent-Rente kaum einer wirklich bekommen wird. Denn diese Größe wird für einen fiktiven „Eckrentner" berechnet, der 45 Jahre lang ohne Unterbrechung beschäftigt ist, die ganze Zeit ein Durchschnittseinkommen bezieht und

darauf seine Beiträge entrichtet. Dieser Eckrentner war in den fünfziger und sechziger Jahren noch eine einigermaßen reale Größe. Inzwischen liegt die Beschäftigungszeit von Arbeitnehmern im Schnitt bei 37 Jahren. Tendenz weiter abnehmend. Und zwar nicht, weil abhängig Beschäftigte eine wachsende Vorliebe zur Frühpensionierung hegen, sondern weil Unterbrechungen des Erwerbslebens durch Zeiten der Arbeitslosigkeit immer mehr zur Regel werden. Und weil jemand, der mit Ende Vierzig seinen Job verliert, kaum noch eine Chance zum Wiedereinstieg ins Berufsleben hat.

Die von Wirtschaftsbossen immer wieder geforderte Erhöhung der Lebensarbeitszeit ist daher alles andere als ein Ausweg aus dem Rentendilemma. De facto würde sie nur bedeuten, daß arbeitslose Senioren noch länger in der Sozialhilfefalle bleiben, ehe sie endlich Anspruch auf ihre in früheren Jahren erarbeitete Rente erhalten. Und daß diese Renten dann immer seltener eine Höhe erreichen, die den Gang zum Sozialamt überflüssig macht. Ein abhängig beschäftigter Durchschnittsverdiener mit den derzeit üblichen 37 Arbeitsjahren jedenfalls trüge nach Riesters „Reform" noch eine Rente von etwa 53 Prozent seines Nettoeinkommens nach Hause. Niedrigverdiener oder längerfristig Arbeitslose haben keine Chance. Zumal 1999 im Rahmen des Eichelschen Sparpakets die Rentenbeiträge, die die Sozialversicherung für Arbeitslose zahlt, drastisch gekürzt wurden.

Neues Standbein oder Schleudersitz?

Bleibt also nur, kräftig privat für die Rente zu sparen? Immerhin soll nach Riesters Wünschen die private Vorsorge zukünftig zum zweiten Standbein des bundesdeutschen Rentensystems werden und die Kürzungen der gesetzlichen Rente mehr als kompensieren. Angeblich um auch dem kleinen Mann solche Vorsorge zu ermöglichen, sind ab 2008 jährlich 20 Milliarden Mark staatliche Förderzuschüsse eingeplant. Diese Zuschüsse werden entweder als Zulage in Höhe von maximal 300 DM für

Alleinstehende und 600 DM für Verheiratete pro Jahr gezahlt. Oder sie werden – für „Besserverdienende“ – in Form von Steuervergünstigungen gewährt, die erheblich höher ausfallen. Während eine Verkäuferin mit einem Bruttoeinkommen von 3000 DM ab 2008 lediglich Aussicht auf eine Zulage von 25 DM im Monat hat, kann ihr Chef bei einem Einkommen von über 8000 DM mit einem Steuervorteil von über 130 DM monatlich rechnen[51]. Das staatliche Sponsoring der privaten Altersvorsorge erfolgt also bibeltreu nach dem schon von der CDU hochgehaltenen Motto: Wer hat, dem wird gegeben.
Wer wenig hat, bekommt weniger. Und wer nichts hat, kriegt auch nichts. Denn selbst die 25 DM monatliche Zulage stehen nur dem zu, der die vorgegebene Rate des Einkommens – 4 Prozent ab 2008 – tatsächlich spart. Geringverdiener werden dazu kaum in der Lage sein. Nach Angaben des Statistischen Bundesamtes kann sich immerhin ein Drittel aller Deutschen keine private Altersvorsorge leisten. Ein Viertel aller Haushalte kann im Monat noch nicht einmal 100 DM sparen, weil ihre Einkommen so niedrig sind, daß jede Mark und künftig jeder Euro für den Lebensunterhalt gebraucht wird[52]. Diese Zahlen einer Bundesbehörde dürfte auch Herr Riester kennen! Das Geschwätz von der privaten Altersvorsorge des kleinen Mannes und vom künftig höheren Gesamtrentenniveau ist also wissentliche Lüge. Sehenden Auges wird von Leuten, die sich Sozialdemokraten nennen, ein Bruch in der Alterssicherung durchgesetzt, dessen Konsequenzen sie längst in New York oder Los Angeles besichtigen könnten. Denn dort gibt es das zweite private „Standbein“ schon lange, und für nicht wenige Menschen hat es sich als Schleudersitz in grausame Altersarmut erwiesen.

---

[51] FAZ 25.4.01
[52] FAZ 1.12.99

Die demographische Renten-Lüge

Aber so, wie es ist, konnte es doch nicht bleiben, rufen die Renten-Modernisierer. Die Veränderungen seien nicht gewünscht, sondern erzwungen worden. Immer weniger jungen Menschen stünden objektiv immer mehr alte gegenüber. Konsequenz seien ständig steigende Beiträge. Nicht böser Wille, sondern die demographische Entwicklung mache das Umlagesystem zu einer unerträglichen Last für die junge Generation!

Tatsächlich gibt es in Deutschland, wie in vielen anderen Industriestaaten, die vielbeschworene Verschiebung in der Altersstruktur. Heute kommen in der Bundesrepublik auf einhundert Einwohner zwischen 20 und 60 Jahren vierzig Einwohner über 60. Voraussichtlich – geht man von dem Fortbestehen der gegenwärtigen Trends aus – wird das Verhältnis im Jahr 2030 bei hundert zu siebzig liegen.

So weit, so richtig. Was allerdings bei der demographischen Debatte vergessen bzw. bewußt ausgeblendet wird, sind zwei Dinge: Erstens würde das Problem sich wesentlich reduzieren, wenn wenigstens jeder, der erwerbs*fähig* ist, auch erwerbs*tätig* sein könnte. Davon trennt uns im heutigen Deutschland eine Lücke von ca. 6 Millionen fehlenden Stellen. Das heißt, 6 Millionen Menschen in diesem Land wären vermutlich heilfroh, wenn sie die Renten der Rentner miterarbeiten *könnten*, sofern ihnen dies nur die Möglichkeit gäbe, auch ihren eigenen Lebensunterhalt durch ein angemessenes Arbeitseinkommen zu finanzieren. Das zum einen.

Zum anderen wird schlicht ausgeklammert, daß zwar die Zahl der Erwerbsfähigen abnimmt, die von ihnen geleistete Arbeit aber von Jahr zu Jahr produktiver wird. In den Neunzigern ist die Produktivität in der Bundesrepublik jährlich im Schnitt um 2 bis 2,5% gewachsen. Nichts spricht dafür, daß das Produktivitätswachstum sich in den folgenden Jahren wesentlich verringert. Die Zahl der Rentner dagegen wird zwischen 2000 und 2040 lediglich um etwa 0,75% pro Jahr zunehmen. Die demographi-

sche Veränderung wird durch die gewachsene Produktivität der menschlichen Arbeit also mehr als abgedeckt.
Zudem ist die Verschiebung zwischen Arbeitenden und Menschen im Rentenalter durchaus kein neues Phänomen. Dieser Prozeß läuft bereits seit Jahrzehnten. 1960 finanzierten, statistisch gesehen, 4,6 Beitragszahler je einen Rentner. Im Jahr 2000 waren es nur noch 2,4. Das Verhältnis zwischen Rentnern und Beitragszahlern hat sich also annähernd halbiert. Zugleich wurde das Rentenniveau von 60 Prozent Anfang der sechziger Jahre auf 70 Prozent seit Beginn der Siebziger angehoben. Das Umlageverfahren hat diese Veränderungen problemlos verkraftet. Im Jahr 2030 werden voraussichtlich 1,7 Beitragszahler einen Rentner finanzieren. Und das soll per Umlage plötzlich nicht mehr gehen?
Noch eine weitere Zahl ist interessant: Betrachtet man die von den Unternehmen zu zahlenden Sozialbeiträge aller Art, ergibt sich, daß deren Summe seit 1975 konstant etwa 11% der volkswirtschaftlichen Bruttowertschöpfung ausmacht. Die Gesamtbelastung hat sich in den zurückliegenden 25 Jahren also gar nicht verändert. Was sich allerdings verändert hat, ist der Anteil der Löhne am Bruttosozialprodukt. Die (bereinigte) Lohnquote, die dieses Verhältnis mißt, ist seit 1980 – und besonders drastisch seit 1990 – in nahezu jedem Jahr gefallen. Inzwischen hat sie einen Level unterhalb des Werts der fünfziger Jahre erreicht. Da die Sozialabgaben als Prozentsatz der Löhne berechnet und gezahlt werden, ergeben sich logischerweise seit Jahren steigende Beiträge. Also nicht die demographische Entwicklung ist dafür verantwortlich, sondern Lohndumping, niedrige Tarifabschlüsse, Zunahme ungeschützter und ungesicherter Beschäftigung, die Ausweitung von Teilzeitarbeit und natürlich Arbeitslosigkeit!
Eine ernstzunehmende Alternative zum jetzigen System der Rentenfinanzierung bestünde darin, daß die sogenannten Arbeitgeberanteile nicht mehr als fixer Prozentsatz der Lohnsumme im Unternehmen abgeführt, sondern auf Basis der gesamten innerbetrieblichen Wert-

schöpfung berechnet werden. Die Höhe der von einem Unternehmen zu zahlenden Sozialbeiträge würde dann auch durch dessen Gewinne bestimmt. Der Unterschied wäre gravierend. Während gegenwärtig ein Unternehmen um so stärker zur Kasse gebeten wird, je mehr Mitarbeiter es beschäftigt, bedeutet die Finanzierung nach der Wertschöpfung, daß Unternehmen mit hohen Gewinnen erheblich höhere Beiträge zu zahlen hätten; kleine und mittlere Betriebe, die zumeist arbeitsintensiv produzieren, würden deutlich entlastet. Zudem würde Arbeitsplatzvernichtung nicht mehr durch sinkende Beitragspflichten des Unternehmens belohnt. Bliebe nach einer Rationalisierung die Wertschöpfung gleich, gälte dies auch für die Sozialversicherungsabgaben. Die Platitüde, hohe „Lohnnebenkosten" würden Arbeitsplätze vernichten, ließe sich also auch über diesen Weg entkräften.

Renten als Spekulationsobjekt

Die Ergänzung bzw. teilweise Ersetzung des Umlage- durch das Kapitaldeckungsverfahren dagegen löst kein einziges reales Problem der Rentenfinanzierung. Auch wenn die Legende, daß in einem System, wo jeder für sich selbst vorsorgt, dem einzelnen am Ende mehr Geld zur Verfügung steht, hartnäckig gepflegt wird. Tatsächlich leben die Rentner jeder Generation unbedingt und immer davon, was die zu ihrer Rentenzeit Erwerbstätigen gerade erwirtschaften; sie leben nie von dem, was sie einst selbst erarbeitet haben. Das gilt unabhängig davon, ob die Renten per Umlage finanziert werden oder ob die Senioren ihre in Aktien und Anleihen angelegten Gelder allmählich abschmelzen. Denn wieviel sie mit diesem Geld kaufen können, hängt davon ab, wieviel aktuell produziert wird. Die schönste Rendite wird sofort inflationär entwertet, wenn ihr in der Zeit, in der ihre Eigner sie ausgeben möchten, nicht ein Plus an real produzierten Gütern gegenübersteht.

Dieser in Zukunft verteilbare Kuchen dürfte allerdings bei kapitalgedeckter Rentenfinanzierung nicht größer ausfallen als beim Umlageverfahren. Das wäre nämlich nur dann der Fall, wenn die Investitionen gegenwärtig *wegen Kapitalmangels* – d.h. wegen zu geringer Sparquoten – niedrig wären. Dem ist aber nicht so. Der in der Bundesrepublik seit Jahren rückläufigen Investitionsrate steht vielmehr ein permanent wachsendes Geldvermögen gegenüber. Eigentümer desselben sind nicht nur reiche Privatiers, sondern in zunehmendem Maße die Wirtschaftsunternehmen selbst. Große Konzerne arbeiten heute überwiegend mit positivem Finanzierungssaldo, d.h. sie deponieren mehr Geld in Finanzanlagen, als sie insgesamt an Schulden haben. 40 Pfennige von jeder Mark nichtausgeschüttetem Gewinn werden in Aktien und Anleihen angelegt. Das Geldvermögen deutscher Produktionsunternehmen beträgt inzwischen unvorstellbare 5580 Mrd. DM netto[53].

Finanzierungssorgen haben allenfalls kleine und mittlere Firmen, denen Banken oft genau dann den Kredithahn zudrehen, wenn sie das Geld am dringendsten brauchen. Aber deren Kreditchancen werden durch die Rentenreform nicht gestärkt. Die Erwartungen der FAZ, wohin das Geld statt dessen fließt, dürften zutreffen: „Die Rentenreform ist ein positiver Liquiditätsimpuls für Aktien“[54] und „Aktienmärkte profitieren langfristig von der Rentenreform“[55] lauteten die Kommentare im Wirtschaftsteil. Etwa 30 Mrd. Euro zusätzlicher Anlagegelder werden dank Rentenreform ab 2008 in der Bundesrepublik erwartet. Sie werden Versicherungspolicen und Geldkapitalfonds füllen und die Gewinne ihrer Anbieter nach oben treiben. Ein Drittel des Geldes ist staatlich gesponsert. Milliarden an Steuermitteln und die Alterssicherung von Millionen Menschen werden so zum Spekulationsobjekt von Finanzkonzernen und zum

---

[53] Monatsbericht der Bundesbank Juni 99
[54] FAZ 18.10.00
[55] FAZ 2.3.01

Spielball der Kursentwicklung an den internationalen Kapitalmärkten.

Daß sowohl die Unternehmerverbände als auch Banker und Vertreter der Versicherungswirtschaft das Vorhaben „Rentenreform“ von Beginn an unterstützt und vorangetrieben haben, war demnach kein Zufall. Banken und Versicherungen bringt der Liquiditätsschub Milliardenprofite. Und die Unternehmen – ausschließlich sie! – profitieren von der Deckelung der Beiträge. Die Beschäftigten dagegen werden – zählt man gesetzliche Beiträge und private Vorsorge zusammen – belastet wie noch nie. Und sehen Renten entgegen, die das gegenwärtige Niveau kaum erreichen dürften.

Das Argument, die Rentenreform entlaste die jüngere Generation, ist deshalb besonders zynisch. In Wahrheit findet eine bloße Umfinanzierung statt. Jene Milliarden, die die Unternehmen sparen, werden die Lohnabhängigen zusätzlich aufbringen müssen – soweit sie es können. Viele Rentner wird die Privatisierung der Vorsorge unter die Sozialhilfeschwelle drücken. Insgesamt wird sie die sozialen Kostraste im Alter verschärfen. Überdies fußt das System dann auf jener dubiosen internationalen Finanzpyramide, die wegen ihrer morschen Fundamente jederzeit wie ein Kartenhaus zusammenfallen kann. Daß die „Reform“ die verfügbaren Einkommen und damit die Kaufkraft der Beschäftigten weiter schwächt, dürfte die Investitionsquoten zusätzlich nach unten drücken. Steigenden Vermögenstiteln wird somit eher ein schrumpfender realer Kuchen gegenüberstehen. Spätestens, wenn dann tatsächlich mehr Rentner Guthaben einlösen als junge Menschen Geld anlegen, droht die Entwertung und der Crash.

Bei der Renten„reform“ der SPD geht es also in Wahrheit nicht um die Lösung realer Probleme, sondern um Interessenpolitik und Umverteilung. Das Kapitaldeckungsverfahren ist keine Antwort auf demographische Veränderungen; es spült lediglich Geld in die Kassen von Banken und Versicherungen, entlastet die Unternehmen und bestärkt die Haltung des „Jeder für sich“ – anstelle eines

Solidarausgleichs, der Kindererziehungszeiten, Invaliditätsgefahr und andere Lebensrisiken in Rechnung stellt. Auch werden die 64 Prozent gesetzliche Rente vermutlich nicht das letzte Wort sein. Es gibt bereits Berechnungen, daß Renten in dieser Höhe beim derzeitigen Finanzierungsverfahren mit Beiträgen von 22 Prozent längerfristig nicht bezahlbar sind. Den Scheinkompromiß mit den Gewerkschaften konnte Riester allerdings um so leichter schließen, weil er weiß, daß ihn dafür schon in zehn, geschweige denn in dreißig Jahren niemand mehr haftbar macht. Sinn und Zweck der Renten„reform" des Jahres 2000 ist nicht die Festschreibung der gesetzlichen Rente für 2030. Viel wesentlicher ist die erfolgte Aufkündigung des alten Sicherungsmodells, in dem Unternehmen und Beschäftigte in gleicher Höhe gesetzlich vorgeschriebene Beiträge zahlen und der Umverteilungsmodus ein Mindestmaß an Solidarausgleich gewährleistet. Ist dieses Modell erst einmal gefallen, sind weitere Kürzungen eine bloße Frage der Zeit. Und auch für diese werden „objektive Finanzierungszwänge" den Vorwand bieten. Ludwig Georg Braun, der Präsident des Deutschen Industrie und Handelstages, hat bereits vorgewarnt: „Nach der Rentenreform wird mit Sicherheit vor der Rentenreform sein."[56]

„Und", möchte man ergänzen, „vor weiteren Reformen". Denn nach demselben Modell wie bisher die Rente werden in der Bundesrepublik auch Arbeitslosen- und Krankenversicherung finanziert. Auch da dürfte es bald kein Halten mehr geben. Entsprechende Forderungen existieren schon lange; in jüngster Zeit freilich werden sie forscher und selbstbewußter vorgetragen. So verlangte Anfang 2001 der Verband der Ärzte Deutschlands die gänzliche Abschaffung des Krankengeldes als Kassenleistung. Die Zahlung sei statt dessen durch eine private Zusatzversicherung sicherzustellen. Der Trend, Kassenleistungen generell auf das Niveau einer Minimalversorgung herabzudrücken, deren Aufstockung dann vom

[56] ND 10.5.01

persönlichen Geldbeutel abhängt, wurde durch Seehofers Gesundheitsreformen eingeleitet. Die SPD ließ die betreffenden Regelungen – bis auf wenige Ausnahmen – in Kraft. Daß in Zukunft weitere Verschärfungen zu erwarten sind, deutete die SPD-Gesundheitsministerin bereits dunkel an, als sie die Bundesbürger zu „mehr Eigenvorsorge für ihre Gesundheit“[57] aufrief. Forderungen einer Niveauabsenkung und privaten Absicherung werden auch beim Arbeitslosengeld lauter.
Die Frankfurter Allgemeine Zeitung hatte schon recht, als sie im Herbst 2000 über Riesters Rentenpläne schrieb: „Es geht nicht um den Prozentwert eines aus dem fernen Dunst des Jahres 2030 herausscheinenden Rentenniveaus, es geht um einen tiefen Schnitt in das gewohnte Paradigma der Sozialpolitik und damit auch um die Rolle und die Bedeutung der Gewerkschaften.“[58]

---

[57] ND 18.5.01
[58] FAZ 23.10.00

Mythos „Eigeninitiative" statt „sozialer Hängematte"

Der Sozialstaat ist unbezahlbar geworden, tönen die Modernisierer. Drohend malen sie das Bild einer Gesellschaft, in der anspruchsverwöhnte Faulenzer opulente Sozialgelder einstreichen und dabei die Wirtschaft in Agonie und die öffentlichen Kassen in den Ruin treiben. Arbeitsame Unternehmer ächzen unter der Last der dadurch verursachten Abgaben. Die öffentliche Verschuldung erreicht nicht mehr tolerable Ausmaße. Wir leben auf Kosten der künftigen Generation. Der Umbau des kollektivistischen Versorgungs- und Wohlfahrtsstaates in eine Wettbewerbsdemokratie, die Eigeninitiative und Eigenverantwortung fördert, ist ein dringendes Gebot der Stunde! So die Phrasen. Wie sieht die Realität aus?

Die öffentlichen Haushalte in Deutschland können in der Tat über ein Zuviel an Geld nicht klagen. Viele Kommunen sind bettelarm. Es fehlt am Nötigsten. Der staatliche Schuldenstand hat sich über die Jahre in rasendem Tempo erhöht. Stand die Bundesrepublik 1950 mit nur 20 Milliarden Mark in der Kreide, waren es 1960 53 Milliarden und 1970 126 Milliarden. 1980 lag der Schuldenstand schon bei 470 Milliarden, bis 1990 stieg er auf 1,3 Billionen. In den zehn folgenden Jahren hat sich der Betrag erneut mehr als verdoppelt und liegt heute bei rund 2,4 Billionen Mark. Die jährlichen Zinsverpflichtungen der akkumulierten Staatschuld wuchsen von 0,6 Milliarden 1950 auf 137 Milliarden DM 1999. Jede fünfte Steuermark wird heute zur Zahlung von Zins und Zinseszins an die Banken weitergereicht. Die Schuldenstandsquote, d.h. die Relation der Staatsschulden zum Bruttoinlandsprodukt, liegt bei 60 Prozent.

International befindet sich die Bundesrepublik damit im Mittelfeld. Großbritannien hat eine Schuldenstandsquote von 53%, Frankreich – von 58%, die Vereinigten Staaten – von 60%, Österreich – von 64%; in Belgien liegt sie bei 110%, in Italien bei 111% und in Japan bei 113%.

Die Konsequenzen sind überall gleich: der Posten für Zins und Tilgung ist einer der größten im Haushaltsbudget, viele Milliarden werden dadurch Jahr für Jahr gebunden und stehen nicht mehr für andere Ausgaben zur Verfügung. Der Schluß aus dieser Sachlage lautet überall: Haushaltskonsolidierung und Schuldenabbau als neue Prioritäten. Harte Einschnitte in soziale Leistungen sind der Preis. Mit den Maastricht-Verträgen wurde diese politische Linie für alle Euro-Staaten verbindlich festgeschrieben. Eine Alternative scheint sich nicht zu bieten. Wer will schon weiter steigender Verschuldung mit exponentiell wachsenden Zinslasten das Wort reden?

Wer liegt dem Staat auf der Tasche?

In Wahrheit gibt es andere Auswege als die Wahl zwischen Schuldenturm und Rotstiftpolitik. Sehen wir uns zunächst an, woher die öffentlichen Schulden wirklich stammen. Die Sozialleistungsquote, d.h. der Anteil der Sozialausgaben am Bruttoinlandsprodukt, hat sich in der Bundesrepublik über die Jahre kaum verändert. Sie lag 1975 bei 34%, 1994 bei 33,3% und 1997 wieder bei 34,4%. Von einem üppigen Wuchern des Sozialstaates kann keine Rede sein. In Wahrheit verbirgt sich hinter der konstanten Prozentzahl gravierender Sozialabbau, da sich die Arbeitslosigkeit im betrachteten Zeitraum mehr als verdoppelt hat. Und mit dem wachsenden Anteil von Arbeitslosen stieg auch die Zahl der Menschen, die ihren Lebensunterhalt über öffentliche Leistungen finanzieren müssen. Nach Angaben des Instituts für Arbeitsmarkt- und Berufsforschung (IAB) hat Arbeitslosigkeit in Deutschland im Jahr 2000 zu Produktionsausfällen von rund 450 Mrd. DM geführt. Die Belastung der öffentlichen Kassen allein durch diesen Faktor wird mit 150 Mrd. DM beziffert[59].
Verantwortlich für Arbeitslosigkeit aber sind mitnichten – wie Schröders Faulenzer-Demagogie suggeriert – die

---

[59] ND 9.12.00

Arbeitslosen selbst. Verantwortlich sind vielmehr jene Konzerne, die trotz Rekordgewinnen Jahr für Jahr Tausende Arbeitsplätze vernichten. Verantwortlich ist die Kreditpolitik privater Großbanken, die kleine und mittlere Unternehmen oft geradewegs in den Bankrott treibt. Und verantwortlich ist ein Regierungskurs, der öffentliche Beschäftigung ab- statt ausbaut und durch Privatisierung öffentlichen Eigentums dem rücksichtslosen Walten privatkapitalistischer Renditeprinzipien immer größere Freiräume schafft.

Woran die öffentlichen Haushalte auch immer kranken mögen, Großherzigkeit bei der Finanzierung sozialer Leistungen ist es nicht. Auch die vielfach als Verschuldungsgrund angeführte „deutsche Einheit" hätte weit billiger ausfallen können, wenn nicht in einem Crash-Kurs die ostdeutsche Industriestruktur entweder vernichtet oder aber an westdeutsche (in geringerer Zahl auch an internationale) Konkurrenten verschleudert worden wäre. Das Ergebnis solcher Übernahmen – sofern sie nicht zur gänzlichen Schließung der Betriebe führten – war stets gleich: Belegschaft und Produktion wurden auf Miniaturformat geschrumpft.

Solches Tun ließ man sich überdies durch öffentliche Mittel vergolden. Vor allem „hochbedürftige" Firmen wie VW, Opel oder Siemens wurden mit großzügigen, als Investitionsförderung getarnten Subventionsgeschenken überhäuft. In Sachsen war es lange Zeit üblich, bei Handel und Dienstleistungen 25% der Investitionssumme, bei Produktionsbetrieben sogar mehr als ein Drittel an öffentlichen Fördergeldern beizusteuern. Siemens etwa hat seine Dresdner Chip-Fabrik überwiegend über Bund und Land finanziert. Eine Beteiligung der öffentlichen Hand an den mit ihrer Hilfe erwirtschafteten Gewinnen freilich stand und steht nirgends zur Debatte.

Dabei sitzen Subventionssünder keineswegs nur im Osten. Der Daimler-Konzern etwa, der 1996, 1997 und 1998 trotz bester Gewinnlage keinen Pfennig Körperschaftssteuer abführte und anschließend finanzkräftig genug war, für 75 Milliarden Mark Chrysler zu schlucken,

kann in Baden-Württemberg nicht über fehlende öffentliche Zuwendung klagen. Den Bau des Werkes in Rastatt für die neue A-Klasse ließ sich das honorige Unternehmen mit mehr als 200 Mio. DM öffentlicher Gelder sponsern. Es handelte sich um ein Drittel der Gesamtinvestition von 600 Millionen Mark. Das Land finanzierte Infrastruktur, Straßenbau sowie ökologische Ausgleichsmaßnahmen. Dankbar wie er ist, zahlt der Konzern für das Jahr 2000 trotz 9 Milliarden DM Gewinn aus dem normalen Geschäft nicht nur erneut keine Körperschaftssteuern, sondern holt sich noch 88 Millionen Mark vom Finanzamt zurück.
Der Trend gilt generell. Die Wirtschaft – und dies betrifft vor allem große Konzerne – bekommt inzwischen mehr Subventionen, als sie insgesamt an Steuern zahlt. Nach Berechnungen des DIW führten deutsche Unternehmen im Jahr 1994 91 Mrd. DM an Gewinnsteuern ab und erhielten 132 Mrd. DM an „Transfers zur Förderung unternehmerischer Tätigkeit". Das Verhältnis ist typisch für die gesamten Neunziger. Wenn von Verschwendung öffentlicher Gelder die Rede ist, wäre es daher weit eher angebracht, das undurchsichtige Geflecht von Lobbyismus und milliardenschwerem Subventionsbezug und -betrug unter die Lupe zu nehmen, statt Menschen, die von 540 DM Regelsatz im Monat ihr Leben fristen müssen, mit zynischen Parolen zu „Schmarotzern der Nation" zu erklären.

Steuerflucht und Steuergeschenke

Sowohl reiche Privatiers als auch große Konzerne haben ihre Fähigkeit, Einkommen und Gewinne am Fiskus vorbeizuschieben, in den letzten Jahren immer weiter perfektioniert. Meldungen wie die folgende aus dem Jahr 1999 beschreiben keine Kuriosität, sondern die Regel: „Frankfurt. Die Deutsche Bank hat in den ersten neun Monaten 1999 ein neues Spitzenergebnis erzielt und vom Kauf des amerikanischen Bankers Trust (BT) kräftig profitiert. Der Reingewinn schnellte im Konzern gleich um 42,6% auf 1,88 Mrd. Euro ... in die Höhe. Zugleich gingen die Zahlungen an den Fiskus um fast 39% auf 848 Mio. Euro zurück."[60] Eine Gewinnsteigerung von über vierzig Prozent bei Steuerminderung um nahezu den gleichen Prozentsatz – davon dürfte ein mittelständisches Unternehmen selbst mit dem rührigsten Steuerberater nur träumen.

Die wirklich reichen Privathaushalte tun es den Konzernen gleich. Jahr für Jahr werden bei den Finanzämtern mehrere Milliarden weniger angemeldet, als in der Gesamtbilanz der Bundesbank an ausgezahlten Leistungen auftauchen. Bereits für das Jahr 1989 ermittelte eine Analyse des DIW eine Differenz zwischen beiden Größen von 365 Mrd. DM[61]. Das bedeutet faktisch, daß schon damals Tag für Tag eine Milliarde Mark an deutschen Finanzämtern vorbeigemogelt wurde. Und da gab es all die wunderbaren Sonderabschreibungsmodelle, die Kohl im Gefolge der „deutschen Einheit" eingeführt hat, noch gar nicht. 1996 ärgerte sich Hamburgs damaliger Bürgermeister Voscherau öffentlich darüber, daß von den 4500 in Hamburg ansässigen Einkommensmillionären die Hälfte keinen Pfennig Einkommensteuer zahlt[62]. Diese Praktiken haben zur Folge, daß die staatlichen Einnahmen aus Unternehmens- und Vermögenssteuern unablässig sinken – zwischen 1992 und 1998 immerhin um 20%. Trotz nahezu alljährlicher Gewinnrekorde und immenser Vermögenszuwächse! Wären die Aufkommen aus Lohn- und Umsatzsteuer nicht im gleichen Zeitraum um jeweils über 20 Prozent angestiegen, läge der Minussaldo und Schuldenstand der öffentlichen Haushalte noch erheblich höher. So findet seit Jahren eine Umfinanzierung der Steuerlast statt: Der Anteil der Lohnsteuer am Steueraufkommen wächst (1960 bis 1996 von 12 auf 36%), der Anteil der Ertragssteuern der Unternehmen dagegen ist rückläufig und reduzierte sich zwi-

---

[60] WAZ 27.10.99

[61] DIW Wochenbericht 30/96, S. 501

[62] Spiegel, 12/96, S. 22

schen 1980 und 1996 von 16 auf 5%. Die Körperschaftssteuer – die Einkommenssteuer großer Kapitalgesellschaften – trug 1996 gerade noch etwas über 3 Prozent zu den öffentlichen Einnahmen bei. 1985 hatte der Wert noch bei 7,3 Prozent gelegen. Wäre der Anteil der Gewinnsteuern am gesamten Steueraufkommen heute so groß wie 1980, hätte der Staat gut 100 Milliarden DM pro Jahr mehr in der Kasse[63].

Aber statt das Geld da zu holen, wo es sich stapelt, kommt die Politik der privaten Steuerflucht durch Steuerentlastungen gerade der Reichsten und Größten zusätzlich entgegen. Noch Kohl hatte die Gewerbekapital- und die Vermögensteuer abgeschafft und die öffentlichen Haushalte dadurch mit Mindereinnahmen von knapp 20 Milliarden Mark jährlich belastet. Die von SPD und Grünen im Jahr 2000 durchgesetzte Steuerreform wird den Staat ab 2005 um weitere 80 Milliarden Mark jährlich erleichtern. 80 Milliarden Mark, die der Allgemeinheit fehlen werden, obschon die öffentliche Hand angeblich schon jetzt so klamm ist, daß im Sozialbereich ständig gestrichen und gekürzt werden muß!

Eichels Sparpaket aus dem Jahr 1999, das im Volumen von 35 Milliarden Mark vor allem Rentnern und Arbeitslosen tief in die Tasche griff, war wortreich mit der Unausweichlichkeit solcher Sparzwänge begründet worden. Seltsam genug: 1999 müssen „dringend" und „alternativlos" 35 Milliarden Mark eingespart werden. Nur ein Jahr später dagegen hat derselbe Staat plötzlich 80 Milliarden übrig, um sie auf dem Wege von Steuererleichterungen unter die Leute zu streuen. Nicht nur seltsam, sondern infam wird das Ganze, wenn man sich ansieht, unter *welche* Leute.

Über besonders freudige Nutznießer des SPD-Steuerprojekts wußte kürzlich die FAZ zu berichten. In einem Kommentar unter der Überschrift „Henning im Glück" heißt es: „Jetzt freuen sich Allianz-Chef Henning Schulte-Noelle und die anderen großen Versicherer über

---

[63] Claus Schäfer, Verteilungspolitik; WSI-Mitteilungen 10/97, S. 683

Milliarden des Ministers aus Berlin. Um 1,1 Mrd. Euro hat die Steuerreform den Allianz-Gewinn im vergangenen Jahr nach oben getrieben. ... Im laufenden Jahr werden es nach Schätzung von Analysten der West LB weitere 2,3 Milliarden Euro sein, da der Steuersatz für Gewinne aus Beteiligungsverkäufen weiter von 25% auf Null sinkt."[64] Einen Teil des unverhofften Geldsegens hat der glückliche Henning mit einer um 20 Prozent erhöhten Dividende an die Aktionäre weitergegeben. Darüber hinaus blieb genügend Spielgeld in seiner Tasche, um eine der größten deutschen Banken, die Dresdner, für 24 Milliarden Euro aufzukaufen.
Selbst der „Spiegel" stellte kürzlich fest, daß Eichels neues Steuergesetzwerk, kaum in Kraft, sich „als wahre Geldmaschine für die großen Unternehmen"[65] erweise. Nur diese nämlich – und nicht kleine Personengesellschaften und Familienunternehmen – zahlen Körperschaftssteuer, deren Sätze von bisher 45% bzw. 35% auf einheitlich 25% sinken. Und auch nur diese spielen gern Finanzmonopoly und profitieren somit von der Steuerbefreiung für Gewinne, die beim Verkauf von Beteiligungen entstehen. Analysten schätzen den Wert allein dieses Steuergeschenks auf einen zweistelligen Milliardenbetrag. Ein pensionierungswilliger Mittelständler dagegen, der sein Unternehmen mangels Nachfolger verkauft, wird vom Fiskus kräftig zur Kasse gebeten.
Zweite Hauptsäule der Steuerreform ist die Senkung der Einkommenssteuern. Zum einen sinkt der Eingangssteuersatz um 7 Prozent – eine Maßnahme, die begrüßenswert und längst überfällig ist. Zum anderen aber wurde der Spitzensteuersatz, den ausschließlich die Höchstverdiener zahlen, um 9 Prozent verringert – gegenüber dem einstigen Ursprungsniveau sogar um 11 Prozent. Jeder einzelne Prozentpunkt davon kostet den Staat etwa 2 Mrd. DM[66]. Allein über diesen Weg werden

---

[64] FAZ 15.2.01
[65] www.spiegel.de/politik/deutschland/0,1518,133259,00.htm
[66] Spiegel 41/98

den Reichsten gut 20 Milliarden Mark öffentliche Gelder pro Jahr ins Portefeuille gesteckt.
Daß parallel zu den Staatsschulden die Konzerngewinne boomen und das Geldvermögen einer kleinen Oberschicht westdeutscher Privathaushalte sich im Laufe der neunziger Jahre annähernd verdreifacht hat, war demnach kein Zufall. Das öffentliche „Soll“ *ist* privates „Haben“.

Wege aus der Schuldenfalle

Alternativen gäbe es selbstredend. Statt die Grenze, oberhalb derer der Spitzensteuersatz greift, zu senken – sie liegt nach der Reform schon bei 102 000 statt, wie bisher, bei 115 000 DM Jahreseinkommen –, wäre es weit sinnvoller, die Steuern oberhalb dieses Levels weiter progressiv zu erhöhen. Daß sich ein Ingenieur mit 9000 DM brutto monatlich mit dem Deutsche-Bank-Chef Breuer, der es auf ein Gehalt von über 15 Millionen jährlich bringt, in ein und derselben Steuerklasse befindet, ist absurd. Auch die Lichtung des wuchernden Dschungels an Steuerschlupflöchern, dank derer selbständige Spitzenverdiener oft nicht einmal mehr den Eingangssteuersatz, geschweige denn den Spitzensteuersatz zahlen, wäre dringend an der Zeit. Eine dritte, gerade angesichts der Aufblähung großer Privatvermögen angebrachte Maßnahme wäre die Wiedereinführung der Vermögenssteuer. Nach einer Modellrechnung des DIW könnte allein diese Steuer – bei einem Freibetrag von 500 000 DM und der Freistellung von selbstgenutztem Wohneigentum – mit einem Steuersatz von nur 1% dem Staat pro Jahr mehr als 30 Milliarden zusätzlicher Einnahmen bringen[67]. Viertens sollte, statt Konzerne steuerlich zu entlasten, der Staat sich wenigstens bemühen, deren Steuerbetrug in Grenzen zu halten.

---

[67] Arbeitsgruppe Alternative Wirtschaftspolitik, Bremen, September 1999, S. 24

Die Konzernsteuern in der Bundesrepublik lagen übrigens – entgegen der vielgepflegten Legende – bereits ohne Steuerreform keineswegs über, sondern deutlich unter dem internationalen Schnitt. Nach einer vergleichenden Studie der Weltbank findet sich Deutschland bei der effektiven Steuerbelastung der Kapitalerträge unter 14 Industriestaaten gerade auf Platz zwölf[68]. Verantwortlich dafür sind beispielweise großzügigere Abschreibungsregelungen im bundesdeutschen Recht; diese verringern die ausgewiesenen Gewinne und damit die Berechnungsgrundlage der Körperschaftssteuer. Außerdem besteht die Möglichkeit, die Erfolgsrechnung durch hohe Rückstellungen und Verlustvorträge zu mindern.
Durch ein Steuersystem, das das Geld dort holt, wo es sich häuft, ließen sich also genügend Mittel in die öffentlichen Kassen spülen, um weder im Sozialsystem noch bei Bildung oder anderen wichtigen öffentlichen Ausgaben sparen zu müssen.
Auch den vielbedauerten Staatsschulden könnte auf anderem Wege begegnet werden. Insbesondere, wenn man berücksichtigt, *wer* dabei auf der Gläubigerseite steht. Über 60% der Bundesanleihen nämlich werden von privaten Großbanken gehalten. Ein weiterer wesentlicher Teil befindet sich in den Anlage-Portefeuilles der großen Wirtschaftskonzerne. Dritte Hauptanlegergruppe sind reiche deutsche Vermögensbesitzer, nicht zuletzt solche, die ihr Geld steuerfrei in Luxemburg vermehren und deren Banken dann über die internationalen Finanzmärkte deutsche Staatsanleihen kaufen. Das heißt: Der bundesdeutsche Staat ist zum überwiegenden Teil bei genau den gleichen Wirtschaftsinstituten und reichen Privatiers verschuldet, die ihn durch jahrelange forsche Steuerflucht erst in stetig wachsende Verschuldung hineingetrieben haben! Und er zahlt ihnen zum Dank Jahr für Jahr Milliarden und Abermilliarden an Zinsen dafür!
Statt also rücksichtslos den sozialen Rotstift zum Einsatz zu bringen, wäre es allemal naheliegender, über Zinsmo-

---

[68] Blätter für deutsche und internationale Politik, 9/98, S. 1091

ratorien der öffentlichen Haushalte, vor allem der Kommunen, über eine mindestens teilweise Schuldenstreichung und über zinslose Zwangsanleihen bei privaten Banken zur Ausweitung der öffentlichen Ausgaben nachzudenken. Verfassungsrechtlich wäre all das möglich und sogar geboten.

Sozialabbau und Niedriglöhne

Geldmangel ist also nicht der Grund für fortgesetzten Sozialabbau. Worum es eigentlich geht, hat der Präsident des Kieler Instituts für Weltwirtschaft, Horst Siebert, mit erfreulicher Offenheit ausgesprochen. Das „zentrale Problem", das einer Amerikanisierung des deutschen Arbeitsmarktes entgegensteht, liegt nach seiner Ansicht darin, „daß die Systeme der sozialen Sicherung mit ihren Leistungen einen Anspruchslohn definieren, der den unteren Eckpunkt der Lohnstruktur beeinflußt und zugleich Fehlanreize für die Suche nach Arbeit und die Aufnahmebereitschaft von Arbeit setzt."[69] Die Logik stimmt: Solange soziale Leistungen einen Mindeststandard – wie niedrig der immer sei – gewährleisten, verkaufen sich die Leute nicht zu noch kläglicheren Löhnen. Nur Verzweifelte, die sonst gar keine Chance auf Lebensunterhalt haben, nehmen auch den schlechtestbezahlten Job fügsam und willig an. Der Sachverständigenrat greift das perfide Argument in seinem Jahresgutachten auf: „Eine ausgeprägte Lohndifferenzierung", heißt es da, könne „nur erreicht werden, wenn auch die Sozialhilfe, die Arbeitslosenhilfe und das Arbeitslosengeld überprüft werden."[70]

Schröder hat, wie immer, verstanden. Die Zusammenlegung von Sozial- und Arbeitslosenhilfe, die für Empfänger der letzteren zu weiteren Verschlechterungen führt, ist bereits beschlossene Sache. Inzwischen kursieren Gerüchte, daß die Sozialhilfe – durch Aufteilung der

---

[69] FAZ 20.5.2000

[70] FAZ 16.11.00

bisher Empfangsberechtigten in zwei Kategorien – für Arbeitsfähige faktisch abgeschafft werden soll. Das amerikanische Vorbild läßt grüßen!
Zugleich wird der staatliche Druck auf Arbeitslose verstärkt, auch die miesestbezahlten Jobs anzunehmen. Gesetzlich ist geregelt, daß Arbeitslosen, die eine angebotene Stelle ablehnen, bis zu 12 Wochen der Bezug des Arbeitslosengeldes gesperrt werden kann. Bei zweimaliger Ablehnung erlischt der Anspruch ganz. Als zumutbar gilt nach einem halben Jahr Arbeitslosigkeit jede Stelle, deren Nettoeinkommen das Niveau des Arbeitslosengeldes nicht unterschreitet; auch tägliche Fahrzeiten von insgesamt zweieinhalb Stunden müssen hingenommen werden.
Von der Möglichkeit zur Leistungssperre wird in steigendem Ausmaß Gebrauch gemacht. 1999 gab es 86 000 Fälle, im Jahr 2000 waren es nach Angaben der BfA schon 91 000. Langzeitarbeitslose, die real gar keine Chance auf einen neuen Job haben, werden mit der Forderung drangsaliert, durch Vorlage immer neuer Bewerbungsschreiben nachzuweisen, daß sie sich um Arbeit bemühen. Auch die Zwangsverpflichtung von Sozialhilfeempfängern zu „gemeinnützigen Arbeiten" floriert. Dabei erhalten die Betroffenen neben dem Regelsatz von 540 DM keinen Lohn, sondern nur eine „Entschädigung" für Mehraufwendungen von 1 bis 3 DM pro Stunde, ohne Streikrecht, Lohnfortzahlung im Krankheitsfall, Rentenanspruch. 1993 belief sich die Zahl der so Ausgebeuteten auf 50 000, 1999 schon auf 300 000 und für 2004 rechnet der Städtetag mit 700 000. Zugleich werden auf diesem Wege reguläre, sozialversicherungspflichtige Stellen verdrängt.[71]
Ein anderer Weg, Billigstjobs in der privaten Wirtschaft zu fördern, besteht in sogenannten Kombilöhnen; dabei vergoldet der Staat den Unternehmen die Schaffung mies bezahlter Arbeitsverhältnisse durch zusätzliche Lohnkostenzuschüsse. Aber auch das so aufgestockte

[71] ND 18.5.01

Einkommen reicht oft bei weitem nicht zum Leben. Desenungeachtet werden Arbeitslose mit massivem staatlichem Druck zur Annahme solcher Stellen gezwungen. Hier also liegt des Pudels eigentlicher Kern: Durch Reduzierung sozialer Leistungen auf der einen, direkten Zwang auf der anderen Seite soll ein breiter Niedriglohnsektor etabliert werden, auf daß die Renditen der Unternehmen künftig noch lichtere Höhen erreichen. Wie schon bei der Rente sind Geldmangel und Finanzsorgen nur die populäre Drohkulisse, hinter der rege Interessenpolitik betrieben wird. Beschwerden über „Reformstau" sind inzwischen bloß noch „Geplänkel von gestern", stellte die Frankfurter Rundschau kürzlich fest. „Tatsächlich bereitet das Kabinett von Gerhard Schröder (SPD) mehr oder weniger zielstrebig den radikalen Umbau der herrschenden Wirtschaftsstrukturen vor. Modell steht dabei ... das anglo-amerikanische, in erster Linie an den Interessen der Kapitalgeber orientierte System."[72] „Und Deutschland bewegt sich doch!" – Mit diesen Worten registrierte Noch-BDI-Chef Henkel im Herbst 2000 zufrieden, „daß sich in den vergangenen Jahren mehr verändert habe als in vielen Jahren zuvor zusammengenommen."[73] Er lobte besonders Sparpaket und Steuerreform. Freilich nicht, ohne sofort die nächste Forderung nachzuschieben: „Der Arbeitsmarkt sollte liberalisiert werden." Schröder wird auch diesmal verstanden haben.

---

[72] FR 9.6.01

[73] FAZ 26.10.00

Mythos Frieden und Menschenrechte

Staaten, die es mit den Menschenrechten auf eigenem Terrain nicht übermäßig ernst nehmen, rüsten auf, um diese global zu verteidigen. Die NATO emanzipiert sich von den Beschlüssen der UN, um dem Rest der Welt Frieden und Freiheit zu bringen. Die Europäische Union bastelt an autonomen Streitkräften, um im Ernstfall nicht mehr vom Wollen und Lassen der Amerikaner abhängig zu sein. Und die Bundeswehr bekommt von der SPD-Grünen-Regierung einen Modernisierungskurs verordnet, von dem niemand mehr ernsthaft behauptet, er habe mit Abrüstung zu tun. „Der Kalte Krieg ist vorbei, es lebe der heiße!“ ist offenbar das Motto der Militär-Modernisierer.

Armeen als Friedensengel

Der definitive Beschluß zur Militarisierung der EU fiel im Oktober 2000 in Brüssel. Insgesamt über 100 000 Soldaten sowie 400 Kampfflugzeuge und 100 Schiffe soll die ab 2003 einsatzfähige EU-Truppe umfassen. Deutschland stellt mit 18 000 Soldaten das mit Abstand größte Kontingent. Befehlshaber der EU-Truppe ist ein deutscher General. Zweck sind Kriegseinsätze im Einsatzradius von 4000 km rund um die EU. „Nach außen gilt es etwas zu vollbringen, woran wir zweimal zuvor (!) gescheitert sind: im Einklang mit unseren Nachbarn zu einer Rolle zu finden, die unseren Wünschen und unserem Potential entspricht“, hatte Klaus Kinkel, damals Bundesaußenminister, bereits 1993 angedroht.
Auch die Bundeswehr wird dem Konzept der mobilen Interventionsarmee angepaßt. Genaugenommen – bemerkt ein ehrlicher Leitartikel-Schreiber der FAZ – handele es sich bei der Bundeswehrreform gar nicht um eine Reform, sondern um einen „Neuanfang“: „Aus einer Verteidigungsarmee, die nicht als nationale Streitmacht, sondern als ‚Beitrag‘ zu den Verteidigungsanstrengungen der NATO aufgestellt wurde, soll in den nächsten Jahren

ein neues Werkzeug für neue Zwecke (!) entstehen. Es ist so geformt, daß es sowohl der Europäischen Union als auch der NATO zur Verfügung gestellt werden kann. Gewiß", setzt der Leitartikler fort, „zur Verteidigung kann man es auch einsetzen, aber dazu ist es nicht konzipiert worden. Verteidigung ist für diese Armee ... kaum mehr als eine Erinnerung an die eigene Entstehungsgeschichte. ... Aus einer Armee, die ... kampffähig sein sollte, um nicht kämpfen zu müssen, wird eine Armee, deren Existenzgrund die Einsicht ist, daß sie gegebenenfalls eingesetzt werden muß, um die Interessen des eigenen Landes und des westlichen Bündnissystems zu schützen. Dazu gehört der Erhalt oder die Wiederherstellung des Friedens an erster Stelle. Gestern geschah das in Bosnien, heute im Kosovo, morgen womöglich auf den Golan-Höhen oder im Golf. Militärische Einsätze", prophezeit er, „könnten für die Bundeswehr Alltag werden ... Diese ‚Reform' versetzt die Bundeswehr materiell und strukturell in die Lage, der neuen Wirklichkeit gerecht zu werden."[74] Die Bundeswehr als globaler Friedensengel? Immerhin ist die FAZ ehrlich genug zuzugeben, daß es außer um hehre Friedensziele irgendwie auch um „eigene Interessen" geht.

Worin bestehen die? Darüber gibt die FAZ andernorts bereitwillig Auskunft. Ein wesentliches Interesse bestehe darin, daß Europa nicht „auf ewig der Juniorpartner Amerikas"[75] bleibt. So erwüchsen Europa – und das meint im Sprachgebrauch der FAZ immer auch und in erster Linie Deutschland – beispielsweise „neue Aufgaben und Verantwortlichkeiten im Konfliktfeld Naher und Mittlerer Osten", die – welch Erstaunen! – im besonderen mit einem „freien Ölfluß zu vernünftigen Preisen"[76] zu tun haben.

Öl aber fließt bekanntlich nicht nur im Nahen Osten, sondern auch am Kaspischen Meer. Also geben sich

---

[74] FAZ 19.10.00
[75] FAZ 15.5.99
[76] Ebd.

auch da europäische und amerikanische Diplomaten und Geheimdienstler die Klinke und diversen Freiheitskämpfern die Waffe in die Hand.

Im November 99 etwa thematisiert die FAZ jenseits aller Menschenrechts- und Volksbefreiungs-Pathetik die Ursprünge des Tschetschenien-Krieges. Eduard Schewardnadse, der georgische Präsident, hatte gerade angekündigt, sein Land werde, falls er die anstehende Präsidentenwahl gewinnen sollte, im Jahr 2005 laut an die Tür der NATO klopfen. „Dies", schreibt die FAZ, „beunruhigt Moskau ebenso wie die Aktivitäten der Amerikaner im Kaukasus in letzter Zeit, die den Einfluß Rußlands zurückdrängen und sich den Zugang zu den reichen Ölvorkommen vor allem in Aserbaidschan sichern wollen."[77]

Die Amerikaner gingen dabei folgendermaßen vor: „Daß Washington zuletzt nicht nur in Georgien und Aserbaidschan, sondern auch in Armenien vorstellig wurde, wurde von Moskau mit besonderem Mißtrauen beobachtet. Denn Armenien ist Moskaus einziger zuverlässiger Partner im Kaukasus, der sicherheitspolitisch und auch ökonomisch von russischer Unterstützung abhängig ist und deshalb vom Kreml für seine Kaukasuspolitik genutzt wird. Moskau hat in den vergangenen Jahren Armenien aufgerüstet, im Gegenzug hat Aserbaidschan die Amerikaner, die NATO und die Türkei dazu aufgefordert, Militärbasen auf seinem Gebiet zu errichten, um ein Gegengewicht zu schaffen. Die Amerikaner haben es zudem fast geschafft, eine neue Erdölleitung von Aserbaidschan über Georgien in die Türkei unter Dach und Fach zu bringen, sehr zum Mißfallen Moskaus, das Baku davon überzeugen möchte, die nördliche Route über Rußland zu nehmen. Die Amerikaner setzen im Streit um Öl und Macht im Kaukasus auf die Achse Baku-Ankara-Washington, zu der sie Tiflis hinzugewinnen möchten. Rußland setzt hingegen auf die Achse Eriwan-Moskau-Tehe-

---

[77] FAZ 15.11.99

ran, will aber zugleich seinen Einfluß auf Baku und Tiflis nicht verlieren."[78]
Der Pipeline-Deal zwischen der Türkei, Aserbaidschan und Georgien wurde wenige Tage später tatsächlich unterzeichnet und in der „International Herald Tribune" als „policy victory for the Clinton administration"[79] [Ü6] gefeiert. Auch die FAZ wertete die geschlossenen Verträge als „strategische Niederlage" für Rußland und kommentiert: „Tatsächlich geht es bei dem Projekt der Ölpipeline von Baku nach Ceyhan um viel; nicht nur um viel Geld, sondern auch um politische, wirtschaftliche und geostrategische Interessen der Vereinigten Staaten und des Westens in der notorisch instabilen Kaukasus-Region. ... Konsortialführer für den Bau, der bis 2004 fertiggestellt sein soll, ist der britische Konzern BP Amoco, der schon bisher der wichtigste Partner Aserbaidschans bei der Ausbeutung der Ölfelder im Kaspischen Meer ist. ... Es ist ein offenes Geheimnis, daß hinter den Kriegen um Tschetschenien auch das Interesse Moskaus steckt, die Kontrolle über den Ölfluß in den Pipelines ... nicht zu verlieren"[80], – ebenso wie es auf westlicher Seite darum ging, genau diese Kontrolle zu bekommen.

Der neue Imperialismus

Der Westen agiert allerdings längst nicht mehr als einheitlicher Block. Spätestens seit 1989 tobt unter den westlichen Energiekonzernen der Kampf um die profitablen Energiequellen der ehemaligen Supermacht. Bundesdeutsche Konzerne hatten das Terrain großenteils schon zuvor sondiert und befanden sich dadurch in guter Startposition. Immerhin bot Rußland, wie das „Handelsblatt" feststellte, „günstige Chancen, um neue Energieressourcen zu erschließen" – und die deutsche

---

[78] Ebd.
[79] IHT 19.11.99
[80] FAZ 20.11.99

Wirtschaft sah auf diesem Feld erheblichen Nachholbedarf. Denn: „In wichtigen anderen Förderregionen der Welt befinden sich attraktive Öl- und Gasvorräte weitgehend in der Hand internationaler Energiekonzerne mit Sitz in den USA, GB, Frankreich und Italien." Deutsche Energieunternehmen dagegen waren „nicht zuletzt durch politische Eigentumsverluste nach den Weltkriegen ins Hintertreffen geraten. Seit dem politischen Tauwetter in Osteuropa werden aber Energietrümpfe neu verteilt."[81] Selbige Zeitung gibt daher zu bedenken: „Es wäre sowohl für Moskau als auch für Bonn außerordentlich abträglich, wenn durch den Kosovo-Konflikt die Spielräume für eine intensive Zusammenarbeit im Energiebereich erneut verengt würden."[82] Schröders Auftraggeber heißen E.on oder RWE, deren Zugriff auf das Imperium der Gasprom beispielsweise durch Umwandlung russischer Auslandsschulden in lukrative Aktienpakete des Energiekonzerns gestärkt und ausgeweitet werden soll.

Aber Einfluß ist ohne eigenständige Militärmacht letztlich nicht zu sichern. Darum geht es, nicht um Frieden oder Menschenrechte. Der Staatssekretär im Verteidigungsministerium Walther Stützle räumte auf einem Symposium am 28. Juni 1999 im Haus der Industrie in Wien freimütig ein: „Eine Union, die sich nicht verteidigen kann, ist keine Union. Eine harte Währung, die eine schwache Verteidigung hat, ist auf lange Frist keine harte Währung."[83] Auf Dauer ist eine Währung immer nur so attraktiv wie die Renditechancen, die sie bietet. Die aber steigen durch den Zugriff auf hochprofitable Energiequellen.

Und sie steigen durch exklusiven Zugang zu neuen Märkten. Beispielsweise geht es darum, welche Konzerne sich die einträglichen Wiederaufbau-Aufträge in den mittels Krieg und Geld marktwirtschaftlich befreiten – und dabei zumeist gründlich zerstörten – Regionen

---

[81] Handelsblatt 14.4.99

[82] Ebd.

[83] Zit. nach ND 25./26.11.00

sichern können. Und darüber entscheidet nicht zuletzt die vorherige militärische Rolle der Befreierstaaten. Im Juni 99 – die NATO-Bombardements gegen Jugoslawien waren kaum beendet – informierte die FAZ über die Einrichtung einer den Kosovo-Aufbau betreffenden „Task force für britische Interessen". „Diesmal will London nicht zu spät kommen / Wirtschaft erwartet politische Auftragsvergabe", heißt es in der Überschrift des Artikels, der wohl auch als Denkanstoß für die deutsche Regierung gedacht war. Denn: „Was die Briten vermeiden wollen, ist eine Wiederholung der Versäumnisse nach dem Golfkrieg"; damals waren britische Unternehmen – trotz des „nicht unwesentlichen militärischen Beitrags" des Königreichs – weitgehend leer ausgegangen. Dagegen konnten sich die Amerikaner „wegen ihrer militärischen Führungsrolle" den Großteil der Wiederaufbauverträge von Kuweit unter den Nagel reißen. „Auch nach dem Bosnien-Krieg, wenige Jahre später, hatten die Briten häufig das Nachsehen – trotz vieler Konferenzen und Reisedelegationen. In der Rangliste der Auslandsinvestoren Bosniens taucht das Königreich nur noch unter dem Sammelposten 'Sonstige' auf."
Die deutsche Regierung war hier bereits rühriger; deutsche Unternehmen lagen immerhin an dritter Stelle. Den mit Abstand größten Batzen aber hatten auch hier wieder die Amerikaner eingesteckt. Abschließend vermerkt die FAZ: „Bisher ist nach jedem Krieg der Wiederaufbau von politischen Erwägungen geprägt gewesen. Daher besteht der führende Industrieverband Confederation of British Industry (CBI) darauf, daß sich die Regierung aktiv einbringt."[84] Solche Aufträge erteilt selbstredend nicht nur der britische Industrieverband. Auch in Deutschland herrschte im Juni 99 hektische Aktivität: „VEW AG und IHK [Dortmund] planen Firmenpool für Serbien", berichteten die Ruhrnachrichten. Bis in deren Redaktion hatte sich herumgesprochen, daß „die künftig kräftig fließenden Aufbau-Gelder aus der EU und von der Weltbank

[84] alle Zitate FAZ 14.6.99

mittelfristig eine erhebliche Marktchance für Unternehmen aus der EU“ bieten. Zumal „es inzwischen als gesichert gilt, daß die europäische Gemeinschaft – anders als nach dem Bosnien-Krieg – über eine strenge Kontrolle des Geldflusses eine Auftragsvergabe fast ausschließlich an US-Firmen verhindern will.“ Daher „haben auch deutsche Unternehmen diesmal bessere Chancen, beim Wiederaufbau zum Zuge zu kommen.“[85]
So geschäftlich und bieder sehen die Gründe aus, für die auf dieser Welt Bomben geworfen und Tausende Menschenleben ausgelöscht werden. Es geht um Macht, Einfluß und Milliardenprofite. Für derart hehre Ziele faltet Fischer gern tiefe Betroffenheit in sein zerfurchtes Gesicht, sieht ein „neues Auschwitz“ drohen und die „westliche Wertegemeinschaft“ in der moralischen Pflicht, von Scharping herbeigelogene Nachtgestalten mit Bombengewalt von der ansonsten so menschenfreundlichen Oberfläche des Planeten zu tilgen.

---

[85] RN 10.6.99

Jenseits der Mythen. Ein Traum[86]

Er kam aus einer anderen Zeit und schüttelte sich vor Unbehagen, weil er im Konzert saß und die Musiker Beethovens Neunte spielten, als seien sie vor dem Komponisten auf der Flucht. „Sie spielen zu schnell", sagte er zu mir gewandt. Er sah auf eine so außergewöhnliche Weise gut aus, daß ich unwillkürlich an eine klassische griechische Statue denken mußte. Ich stellte mich vor. Er sagte, daß er im Jahre 2169 geboren und auf Studienreise in unserer Zeit sei. „Aha", sagte ich sprachlos. „Wissen Sie", ergänzte ich nach zwei Schrecksekunden, „daß Sie genau zweihundert Jahre nach mir geboren sind?" Er nickte.

Er war Geschichtsstudent und als einer der ersten in den Genuß einer sensationellen Neuentdeckung gekommen: der Möglichkeit, die Vergangenheit zu besichtigen. „Ich habe mir das Jahr 2000 ausgesucht", erzählte er. „Die seltsamen Jahrzehnte vor und nach diesem Datum habe ich in meinen Vorlesungen nie verstanden." – „Aha", sagte ich nochmals und mühte mich um Fassung. „Erzählen Sie mir etwas über Ihre Zeit", bat ich. „Gern", antwortete er. „Aber lassen Sie uns woanders hingehen. Ich weiß jetzt, was unser Dozent für Kulturgeschichte mit seiner These meinte, daß ein ganzes Jahrhundert Beethoven nicht spielen konnte. Das genügt mir aber auch." Sein schönes Gesicht verzog sich, als litte er unter akutem Zahnschmerz. Also verließen wir eilig das Konzerthaus und setzten uns in ein Café.

„Ist das Ihre erste Reise in die Geschichte?" frug ich ihn. „Meine erste und einzige", antwortete er. „Die Technik ist bisher leider nur begrenzt anwendbar, weil die Gefahr noch nicht ausgeräumt werden konnte, daß Zeitreisende versehentlich in die Geschicke der Jahrhunderte eingreifen. Deshalb gibt es ein kompliziertes Auswahlverfahren und strikte Verhaltensregeln. Außerdem durfte sich jeder

[86] in gekürzter Fassung erschienen in der „Zeit"

nur eine Zeit aussuchen." – „Und warum ausgerechnet unsere Zeit", erkundigte ich mich, „Cäsar hätte Sie nicht interessiert?" – „O doch", sagte er. „Aber Cäsar konnte ich begreifen. Außerdem haben uns die Römer vieles hinterlassen: Torbögen, Brücken, Skulpturen, philosophische Thesen. Da konnte man sich ein Bild machen. Aus dem zwanzigsten und den ersten Jahrzehnten des einundzwanzigsten Jahrhunderts ist fast nichts übriggeblieben: kein Haus, keine Vase, keine Philosophie ... Eindrucksvolle technische Erfindungen, die auch wir noch nutzen, stammen aus Eurer Zeit. Aber offenbar wißt Ihr nichts damit anzufangen. Was Ihr produziert, produziert Ihr so, daß es schnell wieder zerfällt. In Euren wirtschaftlichen Entscheidungen laßt Ihr Euch von Zufallsfolgen sinnloser Zahlen leiten wie die alten Griechen vom Orakel. Ihr baut uniforme, stupide Städte, die noch häßlicher sind, als ich sie mir nach Bildern vorgestellt hatte. Wußten Sie eigentlich, daß der düstere Koloß, den Ihre Regierung gerade als Kanzleramtssitz bauen läßt, später als Gefängnis genutzt wurde?" Ich wußte es natürlich nicht. „Und sieht er nicht ganz so aus, als habe der Architekt das von vornherein im Auge gehabt?" schob er nach.

„Wie sehen denn die Städte bei Ihnen aus?" unterbrach ich seinen unschmeichelhaften Redefluß. „Unsere Städte sind keine bombastischen Metropolen. Viele Siedlungen bestimmen einen großen Raum. Ein Haus sieht natürlich anders aus als jedes andere, denn es wohnen ja in jedem Haus andere Menschen mit anderen Wünschen, Vorlieben und Eigenarten. Bevor ein Haus gebaut wird, setzen sich die Leute, die einziehen wollen, zusammen und entwerfen gemeinsam mit einem Architekten einen Bauplan." – „Ein individuell gestaltetes Haus, kann sich das denn jeder leisten?" frug ich ungläubig. „Wieso leisten?" frug er zurück, „wir haben doch Zeit." – „Ich meine nicht zeitlich, ich meine finanziell", erläuterte ich. „Da seid Ihr wieder mit Eurer Irrationalität", rief er brüsk. „Was ist denn Geld anderes als der Widerschein des mit bestimmtem Zeitaufwand Produzierbaren? Hohe Produktivität enthebt uns der alten leidigen Frage, entweder für wenige Leute wenige Dinge in guter Qualität oder für viele Leute viel normierten, naturunverträglichen Billigkram zu produzieren. Weshalb Ihr das nicht begreifen wolltet, sondern fortfuhrt, die Welt zu vermüllen, auch als Ihr längst in der Lage wart, Gutes und Edles in hinreichender Zahl zu erzeugen, das habe ich nie verstanden." Er sah mich mit großen, fragenden Augen an. Aber ich war viel zu neugierig, etwas über seine Zeit zu erfahren, als daß ich Lust gehabt hätte, ihm unsere zu erklären. „Wie seid Ihr politisch organisiert?" bohrte ich. „Wer trifft die gesellschaftlichen Entscheidungen?" – „Diejenigen, die sie betreffen. Alle kleineren Sachen werden vor Ort geregelt, kommunal. In Berlin gab es kürzlich eine größere Debatte, ob wir ein neues Werk für elektronische Gebrauchsgüter oder lieber ein neues, schöneres und größeres Theater bauen. Ich gehörte zu den Theater-Befürwortern. In einer zweimonatigen Diskussion wurde das Für und Wider erwogen. Beim Entscheid der Stadtbevölkerung hat unsere Position dann die Mehrheit gewonnen." Er lächelte zufrieden. „Regelt ihr alles über Plebiszite?" wollte ich wissen. „Nein, das wäre doch zu umständlich", erklärte er. „Es gibt natürlich auf allen Ebenen auch gewählte Vertretungen." – „Und Parteien?" frug ich. „So etwas ähnliches", erläuterte er. „Für konkrete Programme und Projekte bilden sich Vereinigungen, die mit ihren Konzepten konkurrieren. Über Wahlen wird dann der mehrheitlich gewünschte Trend ermittelt." – „Also eine Art Parlamentarismus?" – „Wir nennen es so nicht. Die Menschen, die bei uns in den Kammern sitzen, bleiben dort maximal acht Jahre. Sie sind nicht das, was man bei Ihnen Berufspolitiker nennt, sondern normale Leute aus allen Berufen, in die sie dann zurückkehren. Auch die Vereinigungen verändern sich bei uns viel öfter: lösen sich auf, bilden sich neu. Neben den gewählten Kammern gibt es übrigens Räte der Alten und Weisen. In sie werden – auf Lebenszeit – hochangesehene Leute gewählt: herausragende Wissenschaftler, Dichter, bedeutende Erfinder. Sie haben nur beratende Funktion, aber ihr Rat wiegt schwer."

„Gibt es noch Nationalstaaten?" frug ich weiter. „Im Sinne kultureller und sprachlicher Bindung gibt es natürlich noch Nationen. Aber die Grenzen zwischen Ihnen spielen keine größere Rolle als die zwischen städtischen Verwaltungseinheiten. Alle Kinder lernen bei uns in den ersten Lebensjahren mindestens drei Sprachen. Später kommen weitere hinzu. Es ist üblich, sein Leben an ganz unterschiedlichen Orten in verschiedenen Sprachräumen zu verbringen. Ohne Um- und Abmeldung." Er hielt kurz inne. „Ich finde es übrigens grauenhaft", fuhr er mit belegter Stimme fort, „wie man in Ihrer Zeit Menschen drangsaliert, indem man ihnen vorschreibt, wo sie sich aufhalten dürfen und wo nicht. Sie haben Tierschützer, die dagegen kämpfen, daß man lebende Schweine quer über den Kontinent fährt. Aber daß Menschen, gefesselt, in Flugzeuge gesetzt und an Orte geflogen werden, die ihnen ähnliche Perspektiven bieten wie die Schlachtbank den Borstentieren, das erregt nur wenige." Er schaute mich mit seinen klaren, fast kindlichen Augen an, die plötzlich sehr traurig wirkten. Dann ergänzte er: „Ihre Welt ist so reich an Verbrechen, Roheiten, Widrigkeiten und Gemeinheiten, wie hält man das eigentlich aus, ohne selbst roh und gemein zu werden? Das frage ich mich, seit ich hier bin."

Wir schwiegen. Schließlich sammelte er sich und nahm den Gesprächsfaden wieder auf: „Was ich zum Parlamentarismus noch sagen wollte: Vor allem unterscheidet sich unser System von Eurem dadurch, daß unsere Kammern tatsächliche Macht haben: Sie sind befugt, alle für ihren Kompetenzbereich relevanten Entscheidungen zu treffen." – „Also auch wirtschaftliche Entscheidungen?" hakte ich nach. „Ja sicher. Die Ergebnisse solcher Entscheidungen betreffen doch die Leute." – „Und das lassen die Eigentümer mit sich machen?" – Er sah mich irritiert an: „Eigentümer der großen Unternehmen ist doch die Gesellschaft. Privat oder genossenschaftlich sind bei uns nur noch kleine und mittlere Unternehmen.

Deren Tätigkeit ist durch Gesetze reguliert, ansonsten redet ihnen keiner rein. Über die Investitionsschwerpunkte der Großen dagegen wird gesellschaftlich entschieden. Die Detailfragen werden dann allerdings auch im Betrieb geklärt." – „Nach welchen Kriterien?" wollte ich wissen. „Danach, was die Verbraucher haben wollen. Bei vielen langlebigen Gütern läuft es ähnlich wie bei den Häusern: Man bestellt nicht einfach irgendwelche produzierten Sachen, sondern gestaltet sie nach eigenen Wünschen, bevor sie produziert werden. Niemand hat deshalb mehr ein Interesse daran, den Leuten irgendwelche wechselnden Moden aufzuschwatzen."

„Kann jeder soviel bestellen, wie er will?" möchte ich wissen. Er lacht. „Nein, das Schlaraffenland haben wir nun noch nicht. Der individuelle Zugriff ist schon durch Geld limitiert. Aber wir haben so viel zu verteilen, daß jeder genügend bekommt. Auch deshalb, weil wir all den anderen Unsinn, den Ihre Zeit mit Geld anstellt, rigoros abgeschafft haben." – „Wie meinen Sie das?" frug ich zurück, obwohl ich ahnte, worauf er hinauswollte. „Wissen Sie", antwortete er, „ich war in London, New York und Frankfurt und habe mir Ihre Glücksritter bei der Arbeit angesehen." Seine Stimme bekam einen angewiderten Beiklang. „Es gibt ja bei uns auch noch ein paar Spielhäuser", räumte er ein. „Sie sind nicht sehr angesehen, aber ihre Schließung hat doch nie eine Mehrheit gefunden. Also blieben sie stehen, und wer will, kann hingehen. Wahrscheinlich hat es Glücksspiel immer gegeben. Aber daß eine Gesellschaft die wichtigsten Entscheidungen ihres ökonomischen Lebens nach den obskuren Vorgaben eines Spielkasinos fällt, daß sie technische Anlagen stillegt oder weiterbetreibt, Menschen in Arbeit bringt oder auf die Straße wirft, Erfindungen umsetzt oder in den Schubladen beläßt – alles abhängig davon, ob die lächerliche, idiotische ‚Roulettkugel' der Kurstabellen Hoch oder Niedrig, Steigend oder Fallend anzeigt, das war es, was ich mit eigenen Augen sehen wollte, weil ich es nicht glauben konnte." – „Jetzt haben Sie es gesehen. Haben Sie es dadurch verstanden?“ frug ich. Er überlegte. „Nein“, sagte er schließlich bestimmt. „Ihre Zeit ist seltsam. Sie ist einerseits zutiefst ernst, geradezu verbiestert, ohne ein Lächeln, und andererseits findet sie es normal, die Regelung ihrer existentiellsten Belange einem Trupp von Berufszockern und Glücksspielern zu überlassen.“

„Wissen Sie“, nahm er das Gespräch nach kurzer Pause wieder auf, „die Logik, nach der die Börse funktioniert, habe ich natürlich verstanden. Und mir ist auch gut verständlich, daß diejenigen, denen das globale Roulett Millionen in die Tasche spült, das Ganze nur gutheißen können. Immerhin potenziert sich, anders als beim normalen Glücksspiel, die Gewinnchance mit dem Einsatz. Oberhalb gewisser Summen kann man eigentlich nicht mehr verlieren. Aber was die einen unverdient einstreichen, das müssen andere aufbringen. Und was ich bis heute nicht verstanden habe: Wie hat es Ihre Zeit geschafft, die letzteren, die immerhin die große Mehrheit stellen, vom Sinn und Nutzen dieses absurden Spiels zu überzeugen? Können Sie mir das erklären?“ – „Der mittelalterliche Bauer“, wandte ich ein, „fand es auch normal, die Hälfte des Tages auf dem Feld seines Adligen arbeiten zu müssen.“ – „Das ist kein Argument“, entgegnete er, „der unglückliche Bauer konnte ja nicht lesen und nicht schreiben. Er kannte keine Geschichte und kam im Leben nicht über seinen Flecken Land hinaus. Aber die Menschen Ihrer Zeit können sich informieren, sie können Nachrichten über nahezu alle Ereignisse der bestehenden und vergangenen Welt in ihre Wohnstube holen. Und was noch wichtiger ist: Hätte der mittelalterliche Bauer aufgehört, für andere zu arbeiten, wäre es ihm zwar besser gegangen, aber nicht viel besser. Die Abschaffung des Adels hätte damals nur die Armut verallgemeinert, nicht den Reichtum. Mit Eurer kauzigen Weise, die Produktion zu organisieren, senkt Ihr dagegen das Ergebnis tief unter Eure Möglichkeiten. Das ist der Unterschied.“

Er sah mich forschend an, als überlege er, ob ich ihm folgen könne. Dann ergänzte er: „Es wäre doch kein

feudaler Lehnsherr je auf die Idee gekommen, seinen Untertanen zu verbieten, seine und ihre Felder überhaupt zu bestellen, um ihnen anschließend mit betroffener Miene zu eröffnen: ‚Bedaure, Euer Unterhalt ist nicht mehr finanzierbar. Wir haben leider nicht genug geerntet.' Genau diesen Zynismus aber vertreten Ihre Wirtschaftsfürsten ungeniert, und keiner nimmt Anstoß daran." Während ich versuchte, meine Gedanken zu ordnen, fuhr er unerbittlich fort: „Ich finde, was am meisten gegen Eure Zeit spricht, ist ihre Verlogenheit. Sie schmückt sich mit schönen Titeln, die sie alle nicht verdient. Sie nennt sich frei, aber selten waren Menschen enger in unbarmherzige Zwänge eingeschnürt. Sie preist die Individualität – und produziert Normierung und Uniformität ohne Ende. Sie nennt sich eine Überflußgesellschaft, was allenfalls insofern stimmt, als sie viel Überflüssiges produziert. Aber sie produziert nicht zuviel, sondern zuwenig wirklichen Reichtum."
„Das ist mir überhaupt aufgefallen", setzte er fort, „es ist wahrscheinlich nie in der Geschichte so viel produziert und so wenig genossen worden wie zu Ihrer Zeit. Die Leute haben verlernt zu genießen. Wie kann man in sterilen Lokalen ohne jeden Charme pappige Chemienahrung aus Wegwerfbechern essen?" Er schaute an sich herunter. „Ich habe abgenommen, seit ich hier bin. Es ist so schwer, gutes Essen zu finden. Sicher haben Sie auch erstklassige Restaurants. Aber sie verschwinden in einem Meer von schlechten." – „Wie und was ißt man denn bei Ihnen so?" frug ich interessiert. „Köche sind bei uns einer der geachtetsten und bestbezahlten Berufsstände", erklärte er mir. „Man hat eingesehen, daß Kochen ebenso Profession ist wie das Konstruieren von Brücken oder das Erstellen von Computersoftware. Also überlassen wir es weitgehend den Fachleuten. In jeder Stadt gibt es annähernd so viele Restaurantplätze wie Einwohner. Wir finanzieren unseren Köchen eine gute und lange Ausbildung. Die Regeln, die erfüllt sein müssen, ehe einer seine Gerichte öffentlich anbieten darf, sind streng. Der allabendliche Restaurantbesuch ist im-

merhin wesentlicher Teil unseres sozialen Lebens. Schlechtes Essen würden die Leute bei uns nicht durchgehen lassen."
„Ich glaube", sagte er nach kurzer Überlegung, „die Eßgewohnheiten eines Jahrhunderts sagen einiges über seinen Charakter aus. Bei Euch ist der Begriff des Genusses auch sprachlich weitgehend verschwunden. Allenfalls wünscht Ihr Euch gegenseitig Spaß. Aber Spaß ist viel oberflächlicher als Genuß. Zumal ich den Eindruck habe, daß Konsumieren für die meisten nicht einmal mehr Spaß bedeutet, sondern Streß. Man meint, dies und jenes kaufen zu müssen, weil andere es haben oder weil man vor denen, die es nicht haben, Eindruck schinden kann. Man kauft nicht, weil man die Dinge braucht oder Gefallen daran findet. Allein seit dieser neurotische Kaufzwang wegfiel, hatten wir plötzlich unglaublich viel Zeit und Ressourcen für die wichtigen Dinge frei. – Apropos Zeit ..." Er schaute auf die Uhr. „O Gott, ich muß mich für die Rückkehr fertigmachen. Heute war mein letzter Abend bei Euch." – „Noch eine Frage", bat ich. – „Bitte sehr." – „Welche Fragen", frug ich, „würden Sie der Generation stellen, die jetzt zwischen 20 und 40 Jahre alt ist?" Er dachte kurz nach. Dann antwortete er: „Warum verschließt Ihr Euch Veränderungen, die auf der Hand liegen? Warum gebt Ihr wenigen Leuten die Macht, die Lebensqualität der großen Mehrheit zu bestimmen und oft genug zu zerstören? Warum produziert Ihr mit Euren enormen technologischen Möglichkeiten so unvorstellbar viel Schrott, und warum duldet Ihr nach wie vor so grauenvolle Armut? Wieso gestaltet Ihr Euer Leben so abstrus, so irrational, so oberflächlich, wo Ihr doch wißt, daß Ihr nur einmal lebt?"

Übersetzung der englischen Zitate:

Ü1

„... außergewöhnliche Anstrengung der USA, ein ausländisches Staatsoberhaupt auszubooten ..., nicht durch die in früheren Fällen, wie Iran oder Guatemala, von der CIA angewandte „Covert Action“ (verdeckte Aktionen), sondern durch moderne Wahlkampftechniken ... Während die 41 Mio. Dollar teure US-Demokratieaufbau-Hilfe weitgehend öffentlich bekannt ist, lassen Interviews mit Dutzenden Schlüsselfiguren in Belgrad und in den USA den Schluß zu, daß es sich um eine weitaus intensivere Maßnahme handelte, als bislang berichtet. ... In den 12 Monaten nach dem Strategietreffen spielten US-finanzierte Berater eine entscheidende Rolle in nahezu jeder Facette der Anti-Milosevic-Kampagne, indem sie Meinungsumfragen abhielten, Tausende von Oppositionsaktivisten trainierten sowie halfen, eine äußerst bedeutsame parallele Stimmenauszählung zu organisieren. US-Steuerzahler zahlten für 5000 Spraydosen, die von Studenten-Aktivisten benutzt wurden, um in ganz Serbien Anti-Milosevic-Graffiti zu sprühen, und für 2,5 Millionen Anstecker mit jenem Slogan ‚Er ist fertig‘, der zum Motto der Revolution wurde. ... die serbischen Studenten wurden darin trainiert, einen Streik zu organisieren, mit Symbolen umzugehen, Furcht zu überwinden und die Autorität eines diktatorischen Regimes zu unterminieren.“

Ü2

„die letzte große demokratische Herausforderung Ost-Europas“

Ü3

„Hinter der scheinbaren (!) Spontanität des Straßenaufstands, der Herrn Milosevic zwang, das Präsidentschafts-Wahlergebnis vom 24. September anzuerkennen, stand eine sorgfältig durchdachte Strategie von serbischen Demokratie-Aktivisten, aktiv unterstützt von westlichen Ratgebern und Meinungsforschern.“

Ü4

„Das Glück war vollständig, als Herr Kohl und seine CDU infolge der Veröffentlichung, daß sie ein umfassendes illegales Spendensystem unterhielten, in sich zusammenfielen. Dies führte zum Abtritt von Wolfgang Schäuble als CDU-Vorsitzender und Kohls Neutralisierung als einer Symbolfigur im nationalen Leben, und es machte den Weg für Schröders erste große Reform frei.“

Ü5

„daß die Lücke zwischen der Bezahlung des durchschnittlichen US-Arbeiters und jener von Topmanagern explodiert ist.“

Ü6

„politischer Sieg für die Clinton-Administration“